イノベーター「出る杭」の本質思考

―GAFAを超える発想法―

横田宏信

はじめに

この世には、「現実」と「現実の見え方」がある。

そして、「現実の見え方」の根本をなすものが「本質」だ。本質に迫れれば、「現実そのもの」が見える。迫れなければ、「現実らしきもの」しか見えない。

ところが、古代ギリシア時代から2000年以上を経て、今なお「本質とは何か」は謎である。人類は、いまだに「本質」に迫れていない。だから「現実そのもの」が見えていない。

その中で、極めてまれだが、本質に迫れる者がいる。

彼らは、「現実そのもの」が見えるがゆえに、世の中とはまったく異なる言動をして、周囲から打たれる「出る杭」となる。常識破りの発想をして、たびたびイノベーションを起こす。


私の古巣であるかつてのソニーは、本質に迫れる人材「出る杭」の集団だった。だからこそ、世界から神話と称される奇跡的な成長を遂げた。

本質に迫れる人材には、そのことがよく分かる。よく分かるから、天下の「出る杭」、アップルの創業者であるスティーブ・ジョブズは、ソニーを追いかけたのだろう。

さらに、同じく「出る杭」が率いるアマゾン、グーグル、フェイスブックは、アップルを追いかけた。

しかし、彼らは、本質に迫れてはいても、本質に迫り切れているわけではない。実は、迫り切れていれば当然できているはずの多くのことができていない。

ならば、本質に迫り切れれば、彼らができないことをできるようになる。彼らを超えられるのだ。

本書では、そもそも本質とは何かを解き明かし、人類2000年の謎に終止符を打つ。

そして、価値、商品価値、商品、ビジネス、企業、社会など、ビジネスに関連する事物の本質に迫り切る。

また、それらの本質をベースとする常識破りの発想を、読者の眼前で実際に生む。さらに、それらの発想法に準じた具体的なアイデアを多く出す。

それらの発想やアイデアは、すべて、そのまま実行に移せば、イノベーションに繋がり得るものである。

読者諸氏は、「本質に迫り切れば、確かにGAFAを超えられそうだ」と実感することになるだろう。

もちろん、本書は、ただＧＡＦＡから何かを学びたいだけ、という方にもおすすめだ。本質に迫れていなければ、本質を本質と気づかない。だから、ＧＡＦＡからも表層的なことしか学べない。

しかし、本書を通じて本質に迫れれば、ＧＡＦＡから多くを学ぶことができる。さらには、かつてのソニーからも多くを学ぶことができる。ＧＡＦＡもかつてのソニーから多くを学んだはずなのだ。

では、そろそろ、本質という人類２０００年の謎解きを始めよう。

《目次》

第2章 「出る杭」は深く考える

第3章 「出る杭」は広く考える

第4章 「出る杭」は正しく考える

第5章 だから「出る杭」はこう考える

第1章　時代は「出る杭」を求めている

「出る杭」企業、ソニーとＧＡＦＡ

ＧＡＦＡの時代

我々は「ＧＡＦＡ（ガーファ）の時代」にいる。ＧＡＦＡとは、いま世界で最もイノベーティブとされる米国の４企業、Ｇｏｏｇｌｅ（グーグル）、Ａｐｐｌｅ（アップル）、Ｆａｃｅｂｏｏｋ（フェイスブック）、Ａｍａｚｏｎ（アマゾン）の総称だ。

なんと、この４社だけで株式時価総額が３兆ドルを超える。世界ランキングでは、マイクロソフトと共にＧＡＦＡがトップ５を独占だ（２０１９年7月 Think 180 around より）。

これらのことは、ＧＡＦＡの稼ぐ力がいかに強大であるかを物語る。

だから、世界がＧＡＦＡから学ぼうと必死になっている。彼らの成功要因についての分析も星の数ほどある。しかし、いつものことだが、それらは表層的であり、本質的ではない。

ＧＡＦＡの稼ぐ力は、表層的な何かで説明できるようなレベルのものではない。もしもそうであるなら、とっくに多くの企業が彼らに追いついているはずだ。

ＧＡＦＡは、本質的な何かで成功したのである。

ＧＡＦＡはソニーを追いかけた

実は、ＧＡＦＡで最も古い企業であるアップル（１９７６年〜）の創業者スティーブ・ジョブズは、アップルをソニーのような会社にしたいと言っていた。アップルは、ソニー（１９４６年〜）を追いかけたのだ。

そして、続くアマゾン（１９９４年〜）、グーグル（１９９８年〜）、フェイスブック（２００４年〜）は、アップルを追いかけた。

だから、ＧＡＦＡは全体として、そもそもソニーを追いかけたことになる。

このことは、アマゾンの創業者ジェフ・ベゾスの発言からもうかがえる。彼は、尊敬する経営者としてウォルト・ディズニー・カンパニーの創業者であるウォルト・ディズニーと、ソニーの創業者である盛田昭夫氏を挙げている。

マイクロソフト（１９７５年〜）の創業者ビル・ゲイツがソニーに憧れていたことも、ＧＡＦＡに影響しただろう。

ジョブズもそうだったが、ゲイツは、若いときには、よくソニーに遊びに来ていたものである。

「出る杭」企業の系譜

では、ＧＡＦＡが追いかけたソニーとは、どんな企業だったのか。

20世紀を代表するヒット商品、ウォークマンを生んだソニーは、「出る杭」を求めてやまない企業であった。

『「出るクイ」を求む！』というキャッチコピーの求人広告を出すほどである。


ソニーが考える「出る杭」とは「本質に迫れる人材」だ。

ソニーでは、「本質を見極め、本質に忠実であることがソニー流」とされるほど、本質に迫ることが大切にされていた。

私が海外赴任をするときに、先輩方から贈っていただいた言葉は「世界のどこへ行ってもソニー流を貫け」である。それは、「世界のどこへ行っても本質を見極め、本質に忠実であることを貫け」という意味だ。

ソニーは、本質に迫れる「出る杭」が活躍する「出る杭」企業であった。だからこそ、世界から神話と称される奇跡的な成長を遂げた。

ＧＡＦＡは、ソニーという、本質に迫れる「出る杭」企業を追いかけたのである。

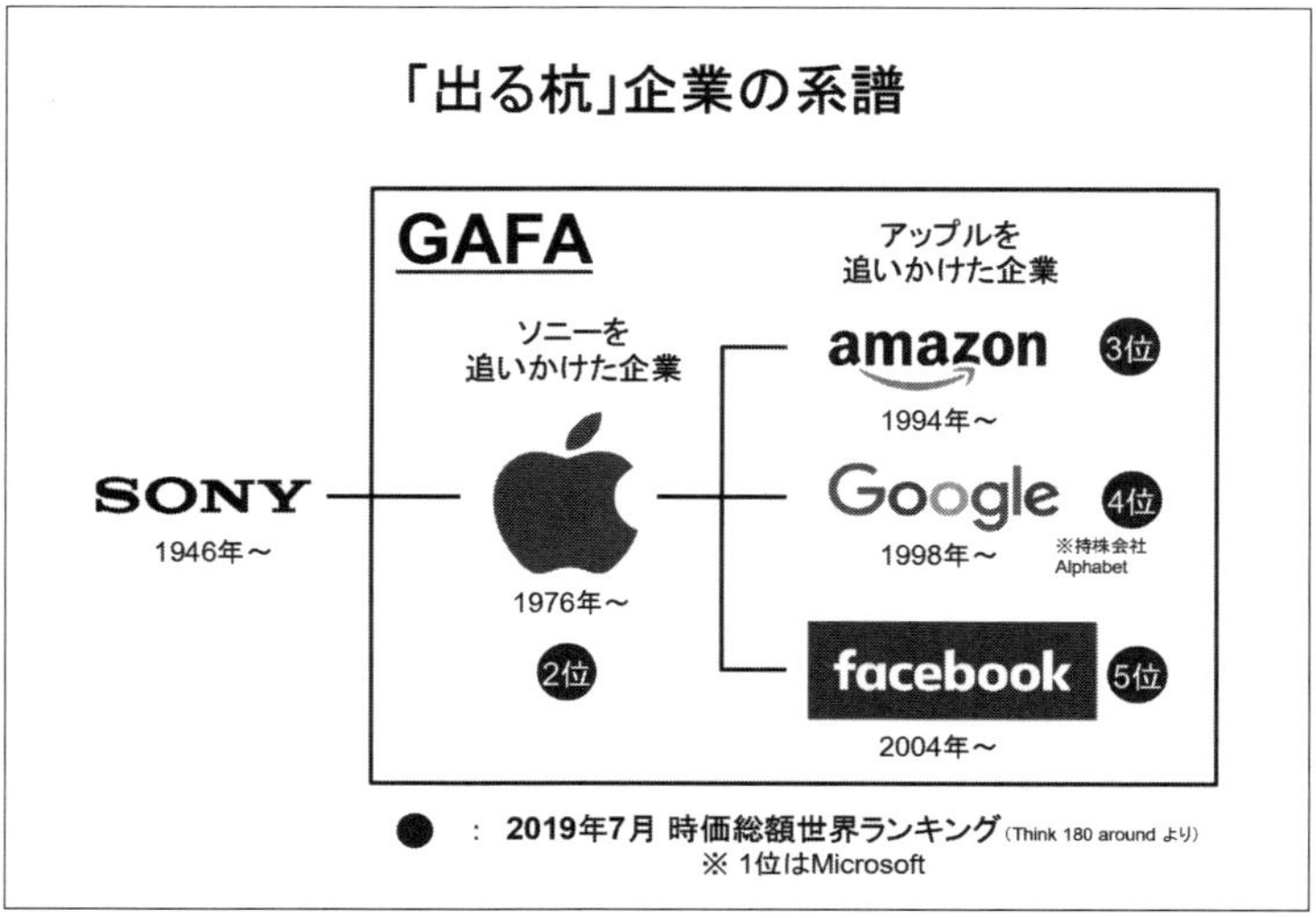
「出る杭」企業の系譜
GAFA
ソニーを
追いかけた企業
アップルを
追いかけた企業
SONY
1946年～
1976年～
2位
amazon
3位
1994年～
Google
4位
1998年～
※持株会社
Alphabet
facebook
5位
2004年～
●：2019年7月 時価総額世界ランキング（Think 180 around より）
※ 1位はMicrosoft

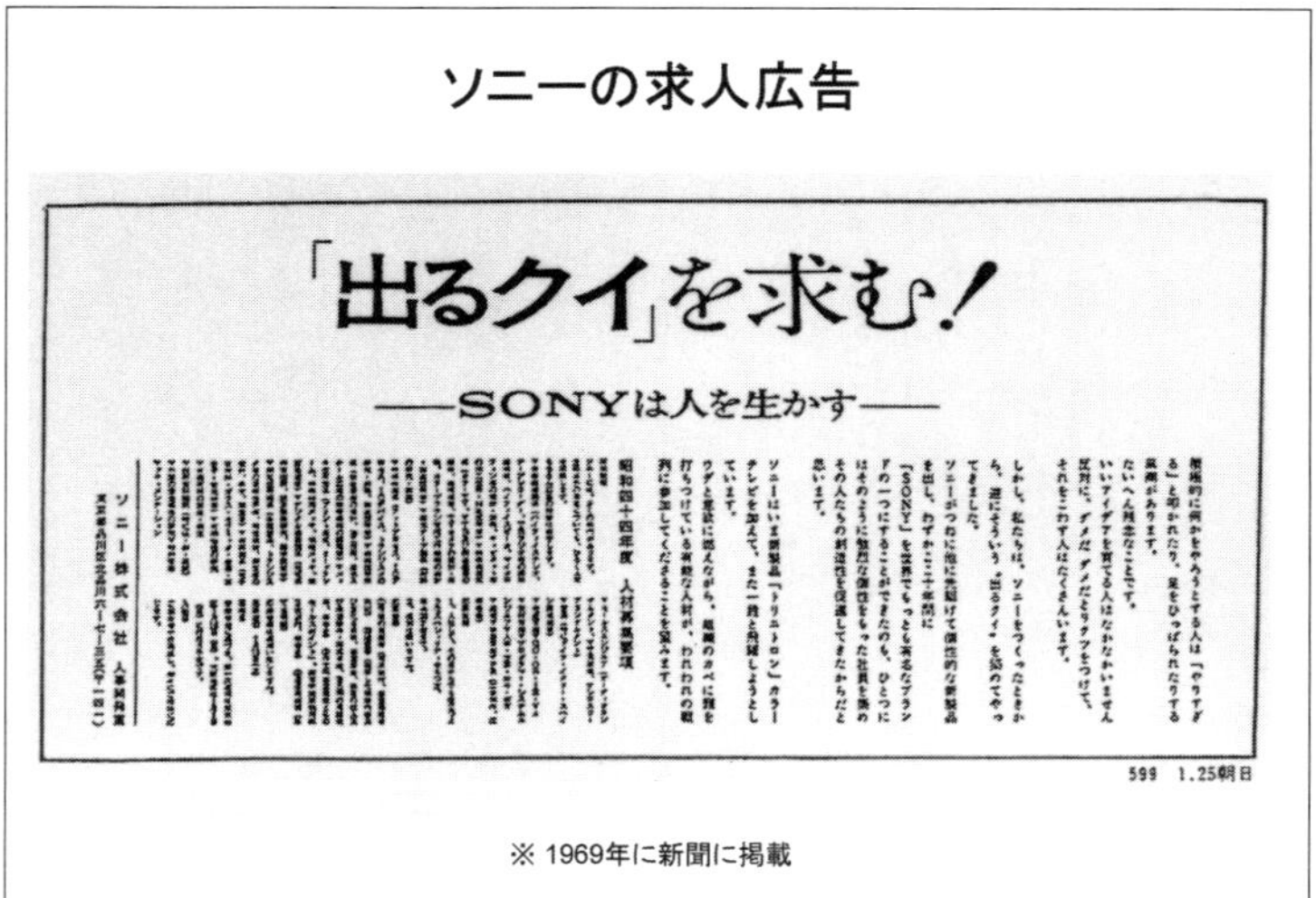
ソニーの求人広告
「出るクイ」を求む！
――SONYは人を生かす――
599 1.25朝日
※ 1969年に新聞に掲載

「出る杭」は全体最適を重んじる

全体最適を重んじると打たれる

本質とは、普遍的なものであり、普遍的とは「すべてのものに共通している／当てはまるさま」（大辞林 第三版）と辞書にある。

よって、本質、すなわち普遍的なものに迫れるということは、すべてのものに共通している／当てはまるものに迫れるということだ。

だからなのだろう、本質に迫れると、例えば自分の部門や会社という、社会の部分だけに当てはまる「部分最適」な考え方ではなく、社会という全体に当てはまる「全体最適」な考え方になる。

つまり、本質に迫れると、部分最適より全体最適を重んじるようになる。

ソニーの『「出るクイ」を求む！』の求人広告にある「組織のカベに頭を打ちつけている有能な人材」も、まさに全体最適を重んじる人材を指す。ソニーが考える「出る杭」とは、本質に迫れるがゆえに全体最適を重んじる人材なのだ。

しかし、人間とは、基本的に全体最適より部分最適を重んじる生き物である。古今東西、部分最適を重んじる者が多数派で、全体最適を重んじる者は少数派だ。

そして、部分最適を重んじる多数派の中で全体最適を重んじれば、打たれることになる。自部門より会社全体を重んじる人材は打たれ、会社より社会を重んじる人材は打たれることになる。

本質に迫れる人材である「出る杭」は、打たれるのである。

世界の「出る杭」は「高い木」

世界が考える「出る杭」を、グローバル言語である英語を通して見てみよう。

「出る杭」という単語は、和英辞書にない。そこで「出る杭は打たれる」という諺を辞書で引くと、例えば「A tall tree catches much wind.（高い木はよく風を受ける）」（プログレッシブ和英中辞典）とある。ならば、英語での「出る杭」は「高い木」だ。

用例を多く見ていくと、「高い木」は、言論の自由のために戦う人のような、風に抗い多くの人々を守る存在であることが分かる。「高い木」は、全体最適を重んじる者なのだ。

面白いことに、私がソニー退職後に飛び込んだグローバルなコンサルティング会社では、全体最適を重んじる人材を「T shape(d) person」、すなわち「T字型人間」と呼んでいた。

「T」の横棒は全体最適、縦棒は部分最適を表し、両方で、部分最適よりも全体最適を重んじる人材を表す。聞けば、「T shape(d) person」の「T」は、「tall tree」の「T」でもあるとのこと。対して、部分最適のみを重んじる人間を、彼らは「I shape(d) person」、すなわち「I字型人間」と呼ぶ。

世界が考える「出る杭」も、全体最適を重んじる者なのだ。

日本の「出る杭」は「自分勝手な奴」

日本人が考える「出る杭」も見ておこう。

「出る杭」という単語は、国語辞書にもない。そこで「出る杭」の言い換えに当たる言葉を集めてみると、「尖った奴」「跳ね返り」「問題児」「異端児」「野生児」あたりになる。それらに、多くの人々を守る存在との意味はない。「出る杭」には、「自分勝手な奴」とのイメージが強いのだ。だから、「出る杭」は部分最適のみを重んじる「I字型人間」と言ったほうがピンとくる日本人が多い。視覚的に「I」が杭に似ていることもあるようだ。

また、それらには「なぜ出る」のかの視点がない。日本人には、理由はどうあれ「出る」こと自体がダメなのだ。「出る杭を打つ国、日本」たる所以である。

「出る杭」とは本質に迫れる人材である

ソニーが考える「出る杭」は、本質に迫れるがゆえに全体最適を重んじる人材である。全体最適を重んじる者という、世界が考える「出る杭」と同じ意味を持ち、かつ、なぜ全体最適を重んじるかに迫るものである。

ならば、ソニーが考える「出る杭」がベストだろう。

私は、この「出る杭」の解釈を世界に広めるべきだと思っている。

なお、言うまでもなく、人間は多様である。本質に迫れても全体最適を重んじない人、本質に迫れなくても全体最適を重んじる人も、いなくはない。

しかし、ここでは話を単純化するため、本質に迫れれば全体最適を重んじ、本質に迫れなければ全体最適を重んじないと考える。

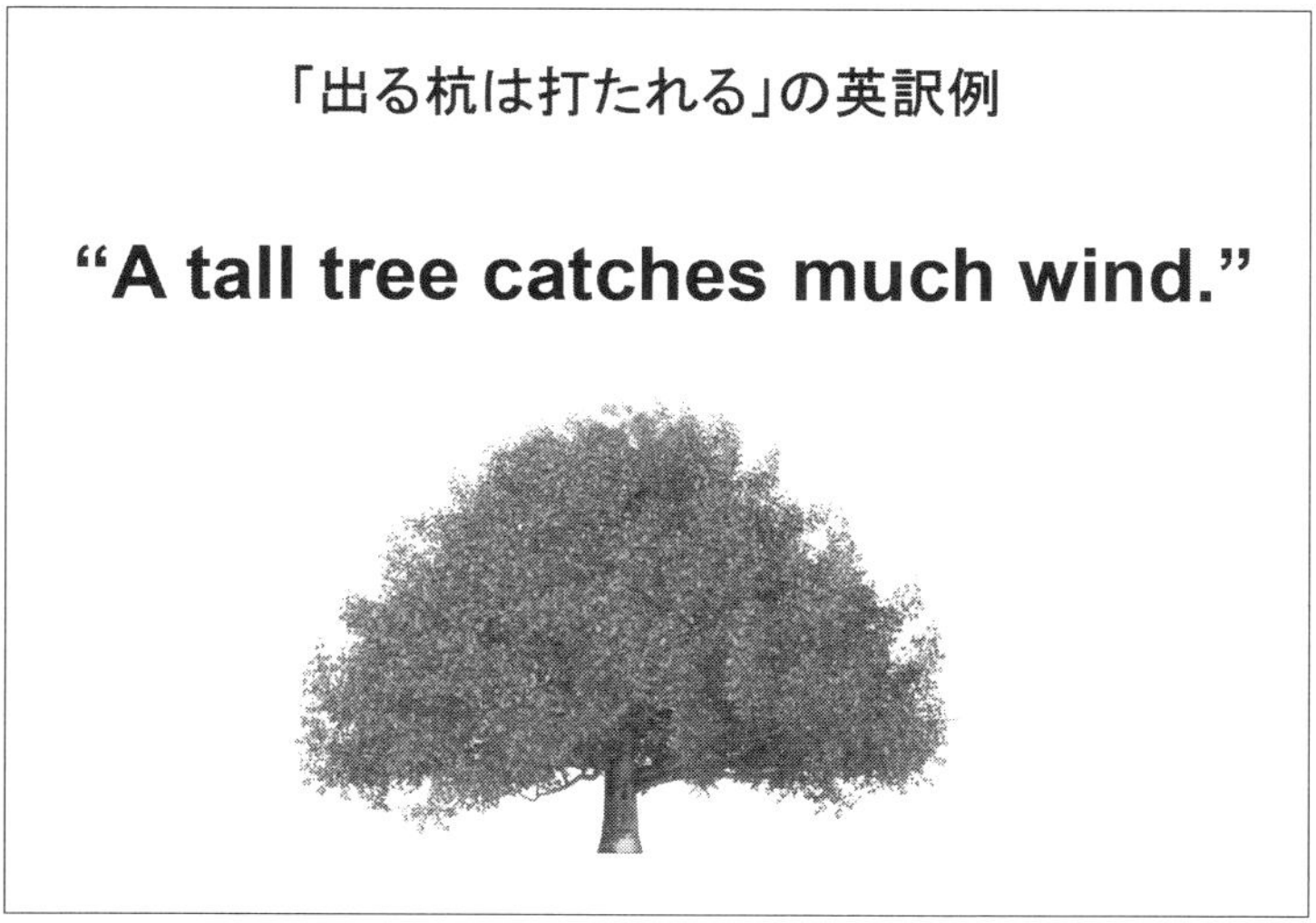
「出る杭は打たれる」の英訳例
"A tall tree catches much wind."

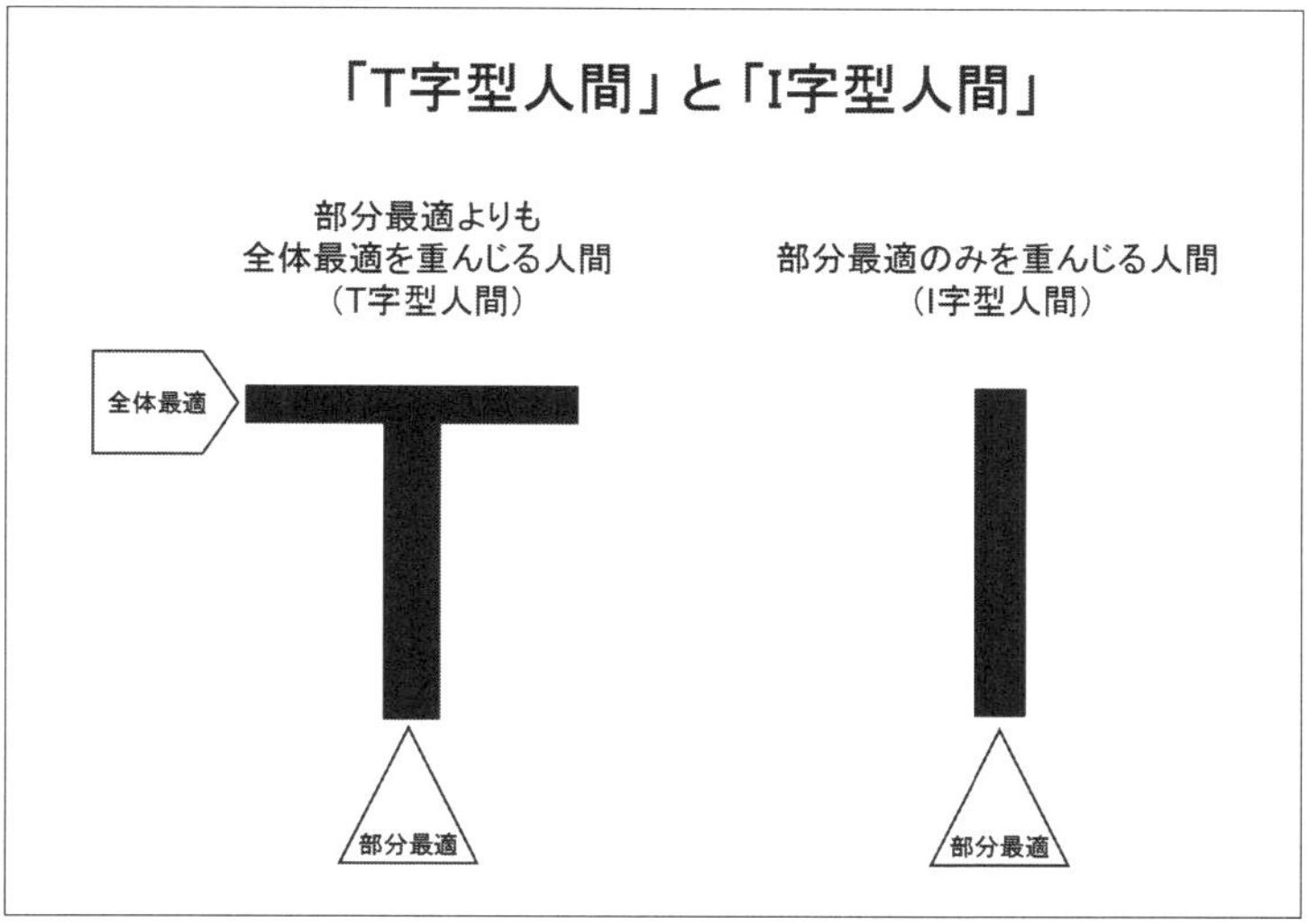
「T字型人間」と「I字型人間」
部分最適よりも
全体最適を重んじる人間
（T字型人間）
部分最適のみを重んじる人間
（I字型人間）
全体最適
部分最適
部分最適

「出る杭」な創業者たち

日本の「出る杭」な創業者たち

「出る杭」は、全体最適を重んじる人材である。そこに着目すると、偉大な創業者の多くが「出る杭」であることが見えてくる。

元祖「出る杭」企業、ソニーの創業者である盛田昭夫氏から見てみよう。

盛田氏は、常々、従業員に対して「Think globally, Act locally」とおっしゃっていた。「Glocal（グローカル）の発想」としてよく知られるこの言葉は、「まずは全体を考えた上で、部分である個々の活動をせよ」とのメッセージである。

「出る杭」を求めた盛田氏自身が「出る杭」であったのだ。

かつてソニーの宿命のライバルと言われたパナソニックの創業者、松下幸之助氏も「出る杭」だった。

松下氏が唱えた「会社は社会の公器」とは、「会社」という部分を、「社会」という全体に資するべきものと位置づけた言葉である。

ソニーのもう一人の創業者である井深大氏の盟友だった、ホンダの創始者である本田宗一郎氏も然り。

本田氏は、「理念なき行動は凶器である」と説いていた。これは、行動全体に一貫した考えが必須であるとの主張に他ならない。

GAFAの「出る杭」な創業者たち

グーグルの創業者ラリー・ペイジは、グーグルの理念である「グーグルが掲げる10の事実」の最初の項目でこう言っていた。

「顧客を最も重要視していると謳う企業はたくさんありますが、株主にとっての企業価値を高める誘惑に負け、犠牲を払う会社・企業も少なくありません。グーグルは、サイトを訪れるユーザーの利益にならない変更は一貫して拒否してきました」（今は「ユーザーに焦点を絞れば、他のものはみな後からついてくる」に変っている）。

これは、要するに「株主より顧客」ということだ。ビジネスとは顧客の集まりである社会全体のためのものであり、株主という社会の一部のためのものではない、というメッセージである。

アップルの創業者スティーブ・ジョブズが「出る杭」であったことに説明は無用だが、彼は「アップルの経営より最高のコンピュータ」と言っている。

ジョブズには、それがたとえ愛するアップルであっても、単なる一企業の経営よりも、最高のコンピュータで世界を楽しませることのほうが重要だったのだ。

フェイスブックの創業者マーク・ザッカーバーグが言う「世界はオープンな程いい」は、物事は部分に閉じて考えてはいけない、全体に開いて考えるべきだとの主張である。

アマゾンの創業者ジェフ・ベゾスの「競合より顧客」も、ビジネスとは、何よりも顧客の集まりである社会のためのものであることを訴える。

ベゾスは、ソニーの盛田氏を尊敬する理由として、盛田氏がソニーだけではなく、日本の製品全体が高品質であることを世界に伝える大きな使命感を持っていたことを挙げている。

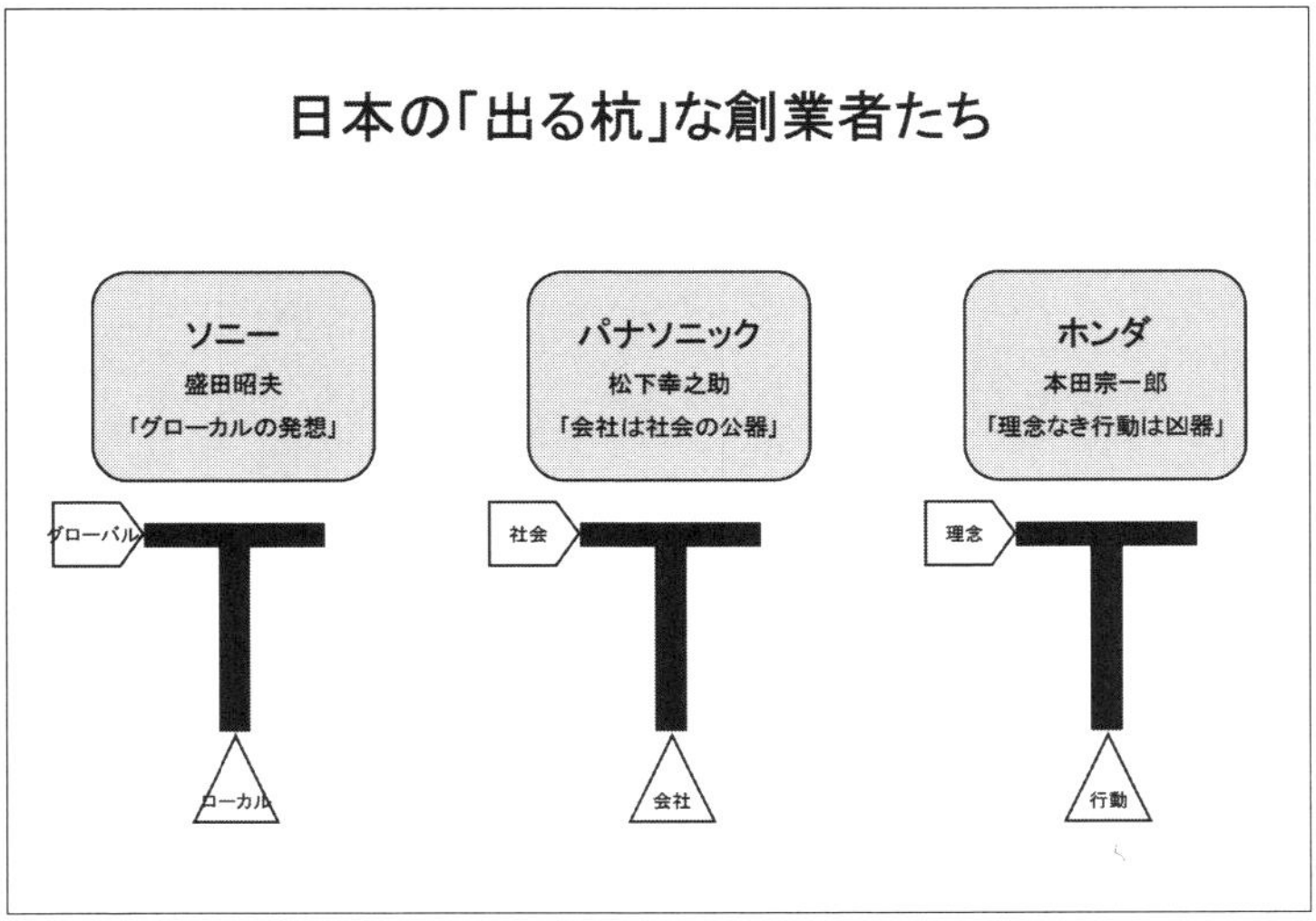
日本の「出る杭」な創業者たち
ソニー
盛田昭夫
「グローカルの発想」
パナソニック
松下幸之助
「会社は社会の公器」
ホンダ
本田宗一郎
「理念なき行動は凶器」
グローバル
ローカル
社会
会社
理念
行動

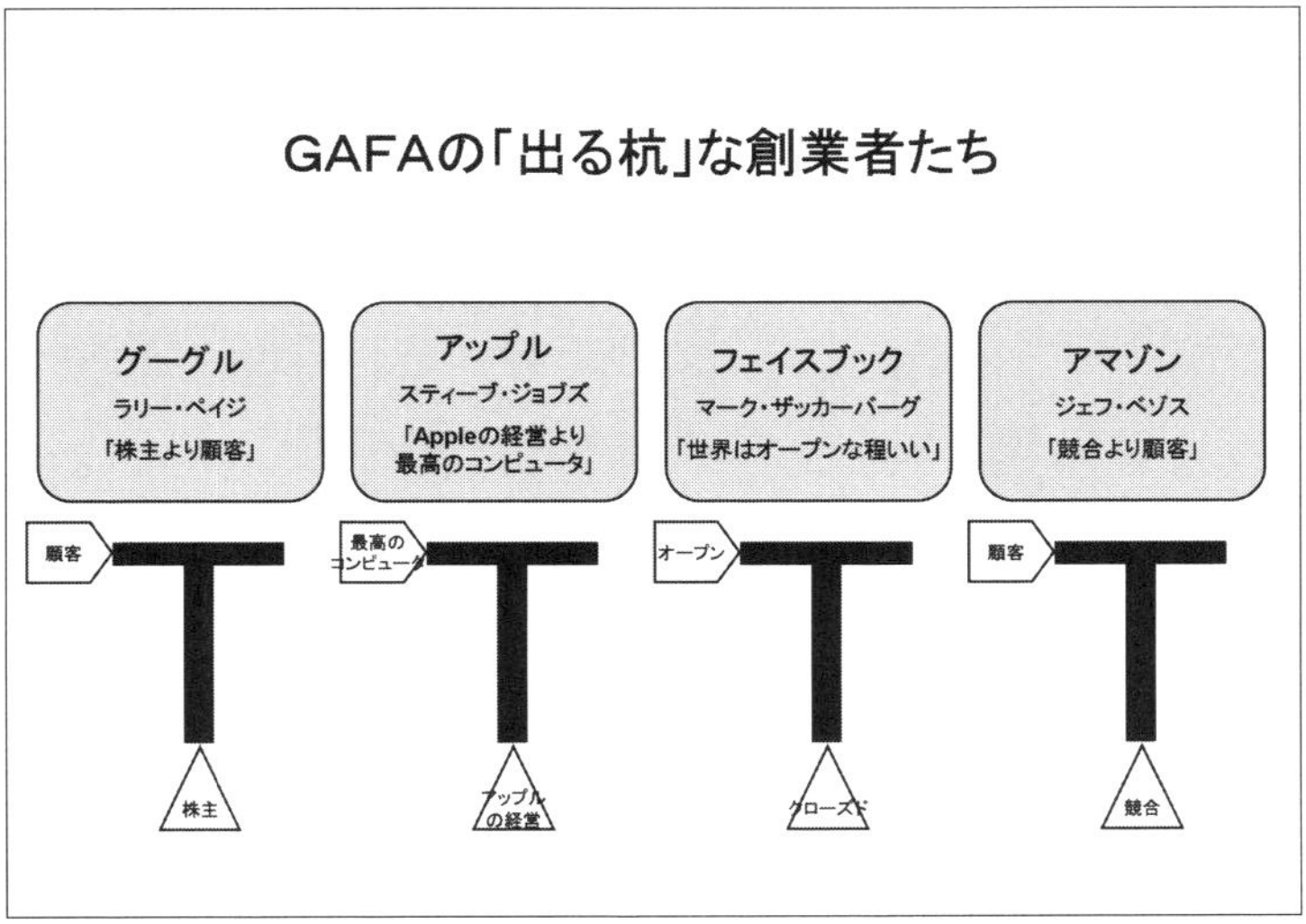
GAFAの「出る杭」な創業者たち
グーグル
ラリー・ペイジ
「株主より顧客」
アップル
スティーブ・ジョブズ
「Appleの経営より
最高のコンピュータ」
フェイスブック
マーク・ザッカーバーグ
「世界はオープンな程いい」
アマゾン
ジェフ・ベゾス
「競合より顧客」
顧客
株主
最高の
コンピュータ
アップル
の経営
オープン
クローズド
顧客
競合

「出る杭」に会社の壁はない

「出る杭」は他部門と連携する

「出る杭」は、全体最適を重んじて、社内で連携する。

対して、「出ない杭」は、部分最適を重んじて、社内で連携しない。「出ない杭」だらけの普通の企業では、社内の部門が縦割り組織と化し、日々、エゴをぶつけ合っている。

成長期におけるソニーの組織は、世間から「カオス（混沌）」と揶揄されていた。エゴをぶつけ合ってそうなっていたのではない。多くの「出る杭」たちが互いに連携し合ってそうなっていたのである。

組織横断のプロジェクトを勝手に進める「出る杭」は、ざらにいた。

定常業務においても、他部門の運営への手出し口出しは「出る杭」の日常だった。手出し口出しされる方でも、他部門の者が言う本質には従うことが暗黙の了解事項となっていた。

外部の取引先から見ると、一体どこの誰が物事を決めているのかさっぱり分からない、といった局面も多かったに違いない。

「出る杭」は他社とも連携する

「出る杭」は、社内で連携するだけではない。会社の枠を越えて、取引先との連携もする。

「出る杭」にとって、この世のすべての企業は、顧客の集まりである社会に価値を提供するために役割分担をしているに過ぎない。

ソニーでは、社内の提案制度を取引先にまで拡大適用していたことがある。取引先からのアイデアでソニーの収益が向上したら、取引先に相応の還元をするというシステムである。

これによって、ソニーは、社外から多くの知恵を集めることができた。今注目のオープンイノベーション（複数の企業、教育機関、行政機関などが連携して起こすイノベーション）の先駆けだったと言っていい。

アップルは、21世紀のウォークマンと呼ばれるｉＰｏｄを世に出す際に、多くの音楽コンテンツ会社と連携した。よく知られるように、ジョブズという「出る杭」の音楽業界への強烈な働きかけによる。

それは、ソニーを大きく凌駕する、取引先との連携だった。当時のソニーは、アップルよりも先にデジタルオーディオプレーヤーを出していたが、音楽コンテンツが自前のものに限られた。それでアップルに大敗を喫することになったのだ。

「出る杭」は消費者とも連携する

「出る杭」は、消費者との連携もする。「出る杭」にとって、社会に価値を提供する活動で、連携してはならぬ者などない。

アップルは、iPhoneをプラットフォームとする『「B with C」to C』と呼ぶべきビジネスモデルをつくった。

そして、アプリを開発する数多の消費者と連携して、社会に膨大な価値を提供し続けている。

なお、『「B with C」to C』のBは、Business のBで企業を意味し、Cは、Consumer のCで消費者を意味する。

「B to B」ビジネスは、企業（法人）向けビジネスであり、「B to C」ビジネスは、消費者（個人）向けビジネスである。

近年、これらは企業経営においてよく使われる略称となっている。

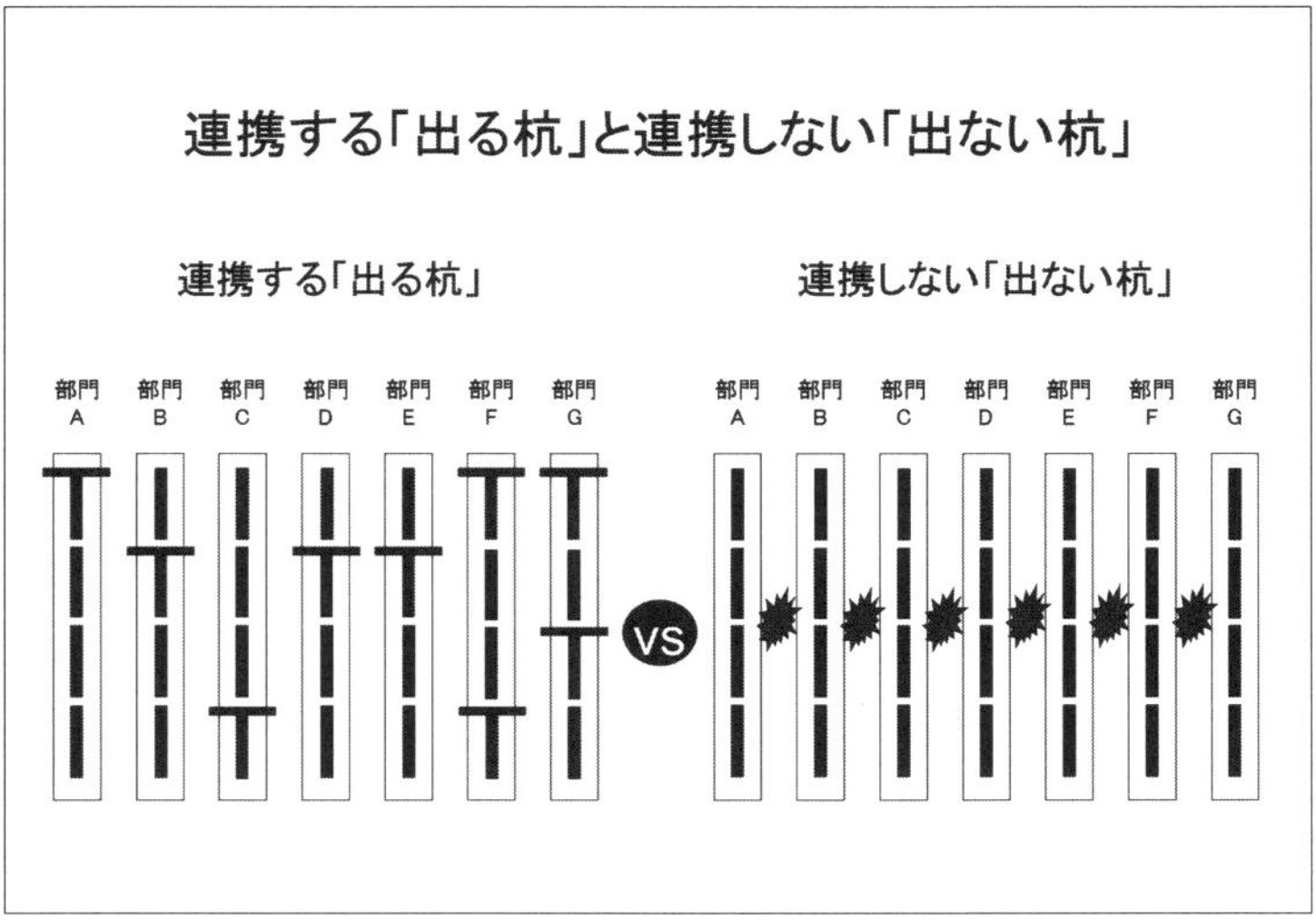
連携する「出る杭」と連携しない「出ない杭」
連携する「出る杭」
連携しない「出ない杭」
部門 A
部門 B
部門 C
部門 D
部門 E
部門 F
部門 G
VS
部門 A
部門 B
部門 C
部門 D
部門 E
部門 F
部門 G

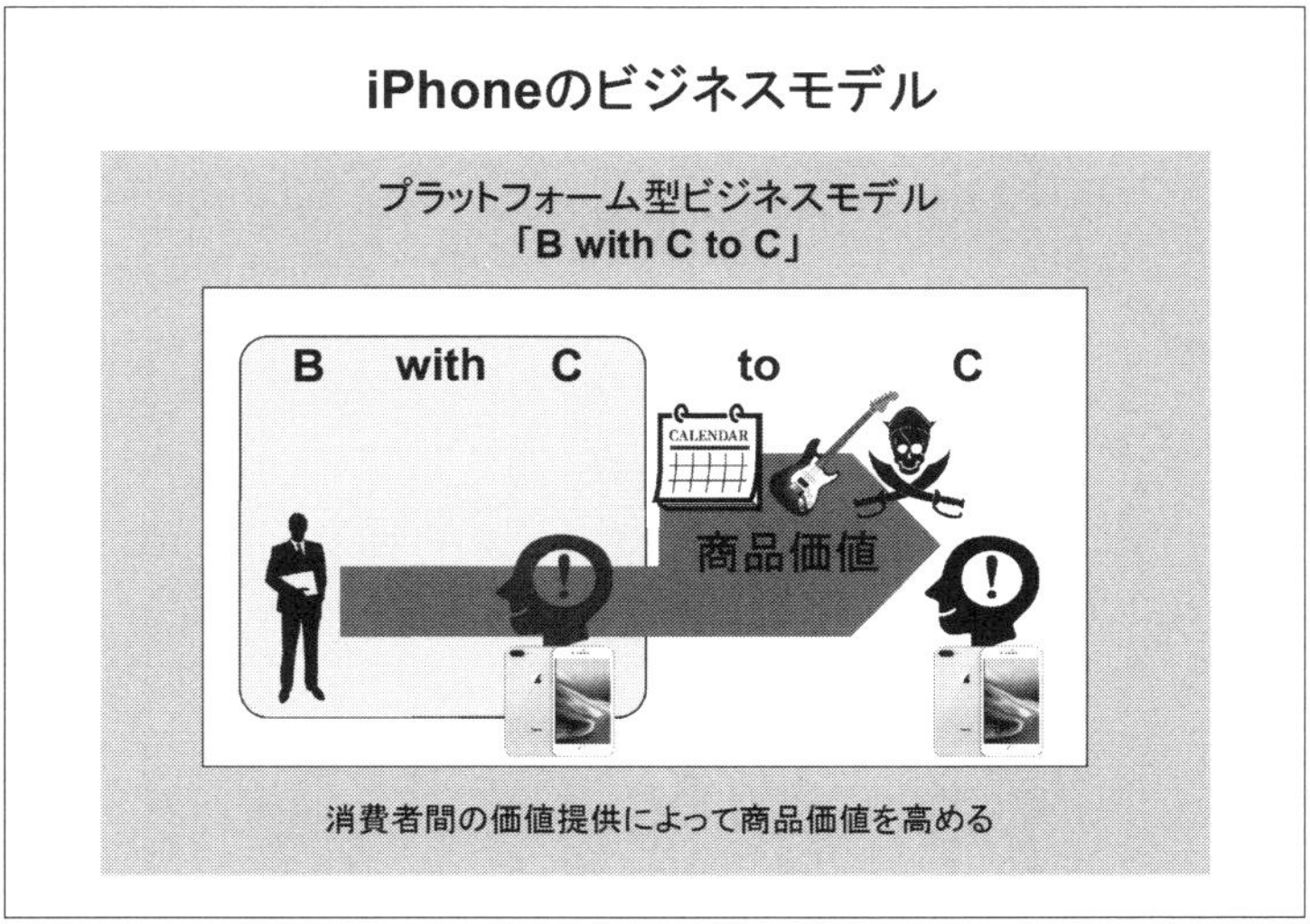
iPhoneのビジネスモデル
プラットフォーム型ビジネスモデル
「B with C to C」
B with C
to
C
CALENDAR
商品価値
消費者間の価値提供によって商品価値を高める

「出る杭」は「本質視力10.0」

本質とは何か

ここで、本質とは何かを明らかにしておこう。本書で言う本質とは、主観的にではなく、客観的に特定される本質だ。

本質は、あらゆる事物にある。よって、本質は、あらゆる事物が持つ属性である。あらゆる事物が持ち、客観的に特定される属性は、「ある事物すべてに共通し、他の事物すべてに共通しない属性」、すなわち「事物の普遍的な特徴」しかない。

そして、「ある事物の普遍的な特徴」は、あらゆる事物が持ち、客観的に特定される属性であるがゆえに、ある事物すべてを他の事物すべてから区別するための属性、つまり「ある事物が何か」を規定する属性である。

「ある事物の普遍的な特徴」が「××」であれば、我々は、「ある事物が何か」の答えとして、「ある事物は、××を持つ事物である」と言う。このことは、あらゆる事物に当てはまる。

したがって、本質とは、「事物の普遍的な特徴」であり、「ある事物が何か」を規定する属性である。

平たく言えば、本質とは、客観的に「それを取ったら、○○じゃなくなるもの」「それがあるから、○○と言えるもの」なのだ。

人類は本質とは何かが分かっていない

「ある事物が何か」は、思考とそれに基づくコミュニケーションの基盤である。だから、「ある事物が何か」を規定する属性である本質は、現実の見え方の根本をなすものである。

実は、古代ギリシアの時代から、本質とは何かが探求され続けてきたが、いまだに標準的な答えは出ていない。人類は、全体として、本質とは何かが分かっていない。

哲学で本質とされる「それをそれたらしめるもの」も、本質が「ある事物が何か」を規定する属性であることは言えていても、それが「事物の普遍的な特徴」であることまでは言えていない。

なお、哲学で、本質以外の事物の属性を「偶有性」と呼ぶ。個別の事物がたまたま持つ属性という意味だ。

人類が本質とは何かが分かっていない以上、世の中で本質とされるもののほぼすべては、主観的に本質とされる偶有性でしかない。

「そのもの」と「らしきもの」

では、我々は、我々が知る事物の本質を分かっているのだろうか。

例えば、よくネコの特徴として挙げられる耳、尻尾、鳴き声は、ネコの普遍的な特徴ではない。それらは多くのネコに共通する属性かもしれないが、「ネコすべてに共通し、他の事物すべてに共通しない属性」ではない。

ネコ特有の遺伝子はネコの普遍的な特徴なのだろうが、それがどのようなものかが分かっている人は、まずいない。

我々は、ネコの本質を分かっていないのだ。ゆえに、我々は、ネコとは何かが分かっていない。ならば、我々がネコと認識しているものは、ネコそのものではなく、ネコらしきものでしかない。

同様に、世の中は、世の中が知る事物の本質を概して分かっていない。ゆえに、世の中は、世の中が知る事物が何かが概して分かっていない。

世の中が知る事物は、概して「そのもの」ではない。「らしきもの」でしかないのである。

世の中は「本質視力0.1」

そして、世の中は、価値の本質、すなわち価値の普遍的な特徴が分かっていない。「価値すべてに共通し、他の事物すべてに共通しない属性」が分かっていない。

よって、価値の一種である商品価値とは何かも、商品価値を顧客に提供する活動であるビジネスとは何かも、ビジネスを行う人であるビジネスマンとは何かも、ビジネスマンの集まりである企業とは何かも分かっていない。

これらに限らず、ビジネスに関連するあらゆる事物は、価値抜きでは語れない。世の中が認識しているビジネスに関連する事物は、すべて「らしきもの」なのだ。

しかし、価値の本質が分かっていれば、それに準じてそれぞれの本質を求めることにより、ビジネスに関連するあらゆる事物についての認識を「そのもの」とすることができる。

要するに、世の中には、見えているつもりでも、ビジネスの世界が漠然としか見えていない。対して、「出る杭」には、ビジネスの世界が明瞭に見えている。

たとえて言えば、世の中の「本質視力」が０．１であるのに対して、「出る杭」の「本質視力」は１０．０なのだ。

そして、これこそが、「出る杭」企業が備える強大な稼ぐ力の基盤なのである。

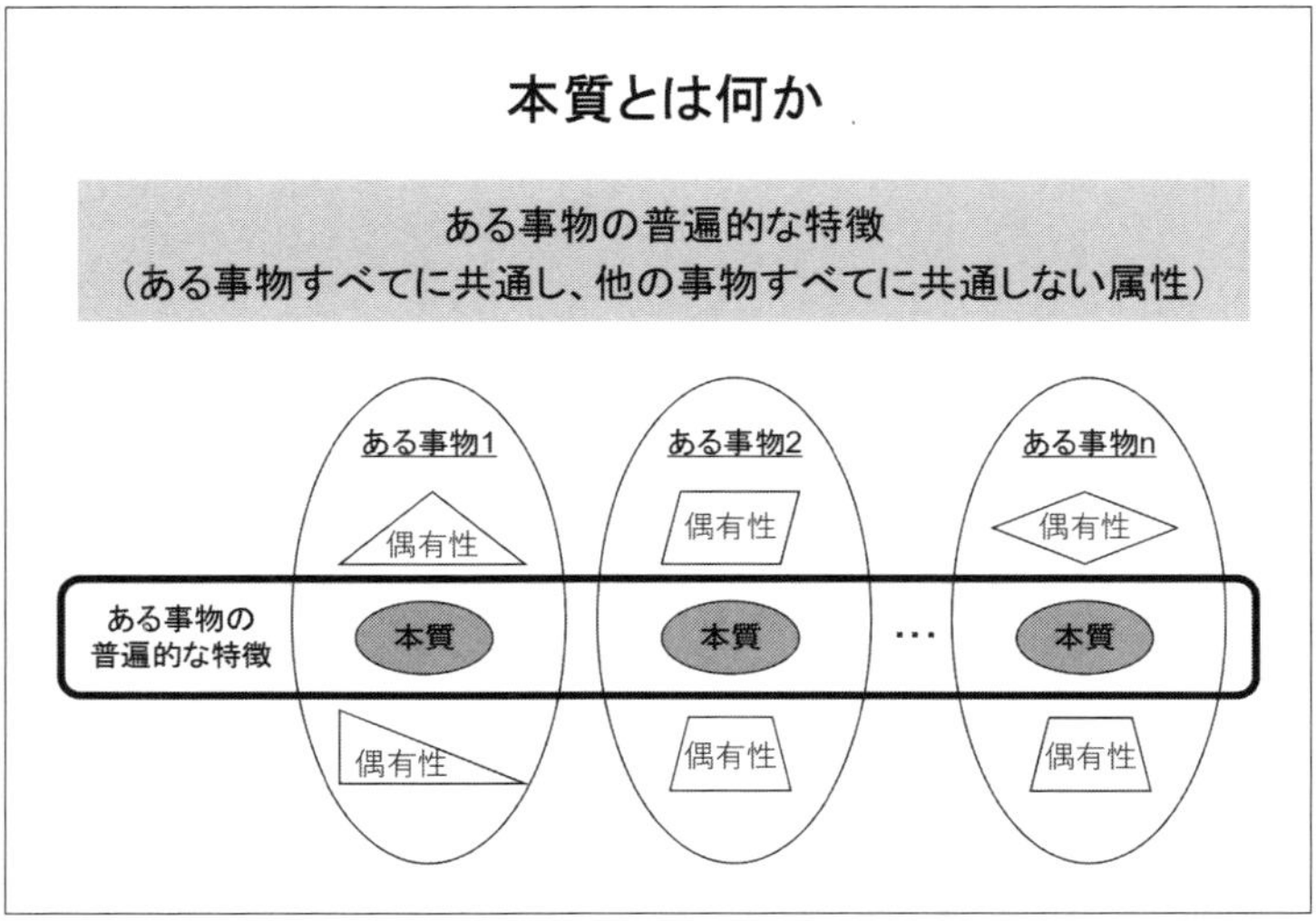
本質とは何か
ある事物の普遍的な特徴
（ある事物すべてに共通し、他の事物すべてに共通しない属性）
ある事物1
ある事物2
ある事物n
偶有性
偶有性
偶有性
ある事物の
普遍的な特徴
本質
本質
…
本質
偶有性
偶有性
偶有性

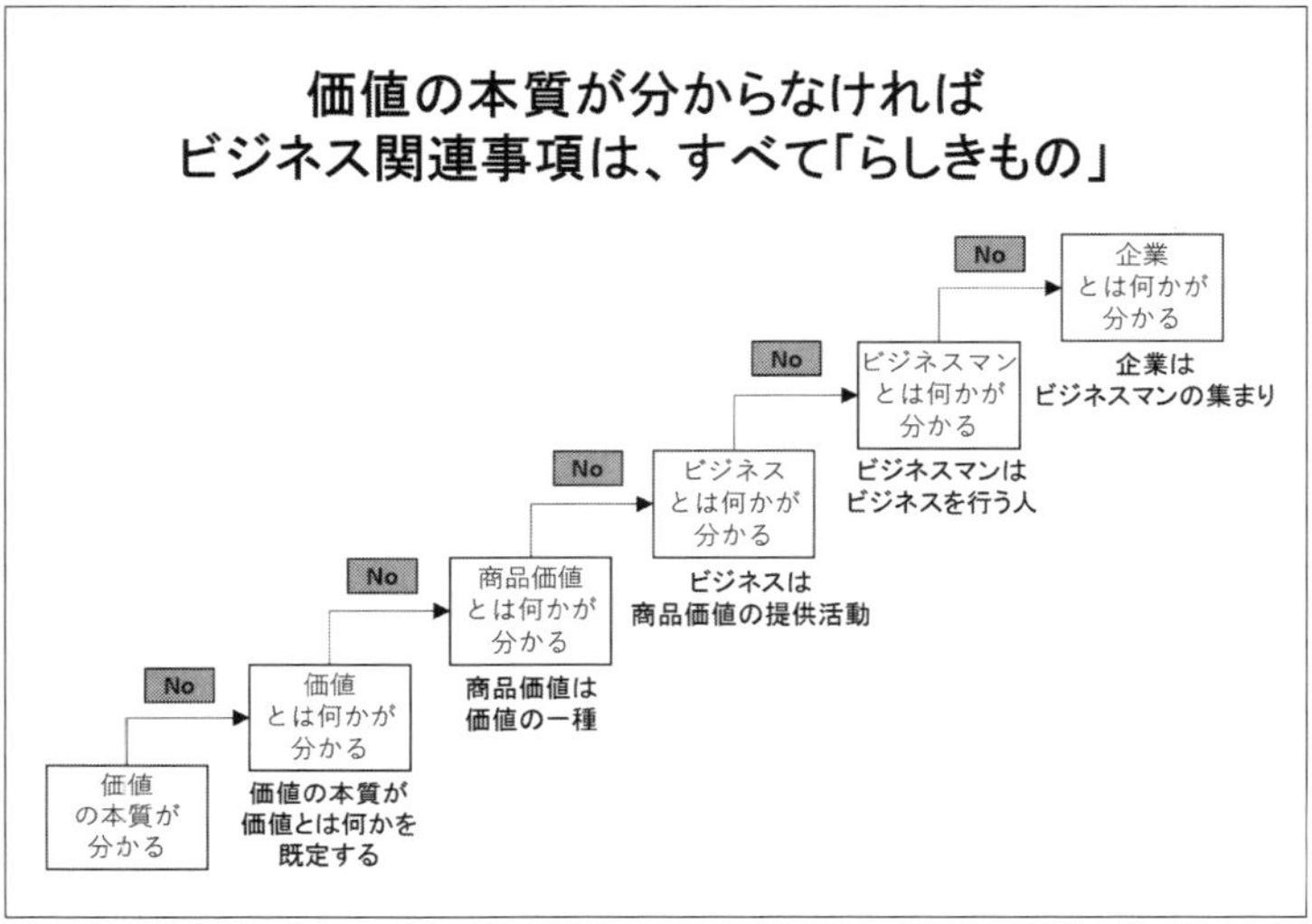
価値の本質が分からなければ
ビジネス関連事項は、すべて「らしきもの」
価値
の本質が
分かる
No
価値
とは何かが
分かる
価値の本質が
価値とは何かを
既定する
No
商品価値
とは何かが
分かる
商品価値は
価値の一種
No
ビジネス
とは何かが
分かる
ビジネスは
商品価値の提供活動
No
ビジネスマン
とは何かが
分かる
ビジネスマンは
ビジネスを行う人
No
企業
とは何かが
分かる
企業は
ビジネスマンの集まり

「出る杭」はイノベーションを起こす

「昔は非常識、今は常識」の発想

さて、常識とは、世の中で広く共有される考え方である。そして、世の中が知る事物は、概して「らしきもの」でしかない。

よって、世の中の常識とは、概して「らしきもの」ベースであり、「そのもの」ベースではない。

しかし、本質に迫れる「出る杭」の発想は、本質ベースである。ゆえに「そのもの」ベースであり、「らしきもの」ベースではない。

つまり、「出る杭」の発想は、常識とはまったく異なるもの、すなわち常識破りのものなのだ。

だから、「出る杭」は、しばしば常識破りの変革を起こす。そして、常識破りの変革とは、イノベーションに他ならない。

したがって、「出る杭」は、イノベーションを起こす。

しかも、「出る杭」の発想は、普遍的な本質ベースの、普遍的なものである。よって、「出る杭」

の発想は、最初は常識破りでも、結局、広く共有される考え方、すなわち常識となる。

グーグルの「昔は非常識、今は常識」の発想

２００４年、グーグルは、多くても数百ＭＢのメールボックス容量しかなかった他社のフリーメールサービスに対して、まさにケタ違いである１ＧＢのＧｍａｉｌを世に出した。開発者によれば、「メールが永遠に残されていくメールサービスをつくる」という発想から生まれたものだ。

４月１日に発表されたこともあり、それは、エープリルフールのジョーク扱いされたほど常識破りであったようである。

しかし、今やＧｍａｉｌの世界シェアは、２位のマイクロソフトＯｕｔｌｏｏｋの18％を大きく引き離して、59％と圧倒的な1位を占める（２０１７年 Return Path より）。世界の月間ユーザー数は、15億人である（２０１９年 CNET より）。

アップルの「昔は非常識、今は常識」の発想

アップルのジョブズが２００７年に初代・ｉＰｈｏｎｅを発表した時のプレゼンテーションは、あまりにも有名だ。

要約すれば、彼はｉＰｈｏｎｅを「音楽プレーヤーでもあり、携帯電話でもあり、インターネット通信機でもある」と紹介し、聴衆は沸いた。しかし、聴衆は彼の真の意図を理解できていなかった。彼は、ポケットに入る、何にでもなれるデバイスを目指していたのである。

結果的に、ｉＰｈｏｎｅは、動画プレーヤー、ゲーム機、楽器、ナビ、本など、極端に言えば何にでもなる普遍的なデバイスとなり、消費者によるアプリ開発の普遍的なプラットフォームにもなった。

累計販売台数は、２０１７年までの10年間で12億台、売上は83兆円である（Forbesより）。

フェイスブックの「昔は非常識、今は常識」の発想

「よりオープンで繋がった世界を実現する」

かつてフェイスブックがミッションとしていた発想である（２０１７年に「人と人がより身近になる世界を実現する」に変更）。これが、２００４年に実名登録を原則とする、個人向けＳＮＳとしては常識破りのサービスを生み、人々の繋がり方を変革した。

社会的な存在としての人間は、社会の中での自分の位置を確認したがる生き物であり、実名登録のフェイスブックでは、それができる。

だからこそ、近年では、収集した個人データの扱いについて多くの批判を浴びつつも、フェイ

スブックの世界月間ユーザー数は、今や23億人を超える（2019年 同社発表より）。

もちろんSNSで世界第1位であり、インスタグラム、ユーチューブなど、画像系を除いて2位のツイッター3．2億人（2019年 同社発表より）をはるかに上回る。

アマゾンの「昔は非常識、今は常識」の発想

アマゾンのワンクリック注文は、ベゾスが商品注文システムについて開発者に伝えた「商品をクリックしたらそれだけで終わるくらいでなければならない」との発想が生んだ（リチャード・ブラント著「ワンクリック　ジェフ・ベゾス率いるAmazonの隆盛」より）。

発表が2015年3月31日だったこともあり、これもエープリルフールのジョーク視されるほど常識破りであった。

なのに、「当たり前過ぎる」との理由でヨーロッパやカナダ、オーストラリアなどの国や地域から特許申請を却下されたほど普遍的でもある。

既にアップルが採用しており、今後、巨大な広がりを見せていくに違いない。

「出る杭」が起こすのは「イノベーション2.0」

本質が生むイノベーション

歴史上、これまでのイノベーションを象徴するものは、やはり産業革命である。革命が第１次（動力の獲得）、第２次（動力の革新）、第３次（自動化）、そして現在進行中の第４次（自律化、相互協調）と進展する中で、無数のイノベーションが起きてきた。

それらを生んだのは、技術革新だ。例えば蒸気機関、モーター、ＩＣ、プログラム、人工知能などに活用される技術の革新である（経済産業省資料より）。

今も続く従来型のイノベーションは、技術革新が生む。

対して、「出る杭」が起こすイノベーションは、本質ベースの常識破りの発想が生む。

例えば、ソニーのウォークマン。これは、「オーディオ機器は録音機能と再生機能を持つもの」が常識の時代に「オーディオ機器の本質は、音を聴いて楽しむための機能。録音機能を削って小型化し、ユビキタスに音を聴けるようにすべき」という本質ベースの常識破りの発想が生んだものである。

ウォークマンは、オーディオ機器のイノベーションを起こし、それが音楽の楽しみ方のイノベーションに繋がったが、よく知られるように、そこに技術革新はない。

「出る杭」が起こすイノベーションは、技術革新が生むものではなく、本質ベースの常識破りの発想が生むものであるという意味で、イノベーション2.0なのだ。

あらゆる領域で起きる本質が生むイノベーション

また、従来型のイノベーションは、主にモノの領域で起きる。

産業革命を彩るのは、蒸気機関、モーター、IC、プログラムに加え、鉄道、自動車、飛行機、カメラ、発電機、電話、オーディオ、コンピュータ、映画、テレビなど、数多のモノである。

そのことは、近年も変わらない。

公益社団法人 発明協会が、イノベーションを「ビジネスモデルやプロジェクトを含む」とわざわざ定義して実施したアンケート(2016年)でも、戦後日本のイノベーションのトップ10の内、9件がモノである。

それらは、ウォークマン、内視鏡、インスタントラーメン、マンガ・アニメ、新幹線、ウォシュレット、家庭用ゲーム機・ソフト、発光ダイオード、ハイブリッド車であり、唯一、トヨタ生産方式だけがコトとして入っている。

対して、「出る杭」が起こすイノベーションは、あらゆる領域で起きる。なぜなら、本質は、あらゆる事物にあるからだ。

ビジネスにおいて、本質が生むイノベーションは、技術でも起きる。モノである商品はもちろん、コトである商品（サービス）でも起きる。ビジネスモデル、業務プロセス、組織でも起きる。そして、それらは顧客の生活のイノベーションに繋がっていく。

ソニーのウォークマンのケースでは、モノである商品でイノベーションが起きた。グーグルのＧｍａｉｌでは、コトである商品（サービス）で起きた。アップルのｉＰｈｏｎｅをプラットフォームとする『「Ｂ ｗｉｔｈ Ｃ」ｔｏ Ｃ』、アマゾンのワンクリック注文、フェイスブックの実名登録では、ビジネスモデルで起きた。「出る杭」が起こすイノベーションは、この意味でもイノベーション２．０なのだ。

事業化の客観的基準があるイノベーション

さらに、従来型のイノベーションには、事業化の客観的な基準がない。

通常、高い価値を生みそうな技術、商品、ビジネスモデル、業務プロセス、組織のイノベーティブなアイデアが出ても、高い価値を生むことの客観的な裏付けがない。

市場が広そうでも、広いことの客観的な裏付けがない。イノベーティブなアイデアであればあるほど、客観的な裏付けとなり得る事例もない。

だから、自分の主観を信じる、例えば創業者のような権威ある人からの鶴の一声「いいから、やれ！」がないと事業化できない。事業化されたアイデアの陰で、多くの良いアイデアが消えている。イノベーションの発現率は低い。

対して、「出る杭」が起こすイノベーションには、事業化の客観的な基準がある。

本質を外していないアイデアは、少なくとも本質的な価値を生む。それが、ある程度高い価値を生むことの客観的な裏付けとなる。

本質を外していないアイデアは普遍的だから、客観的に、市場は広大である。しかも、イノベーティブなアイデアであればあるほど、よりブルーオーシャン（競合がいない未開拓市場）だ。

本質的な価値を、広大なブルーオーシャンに提供するアイデアである以上、大成功に繋がる可能性は極めて高い。

だから、関係者一同が納得して事業化に進む。アイデア倒れが少なく、イノベーションの発現率は高い。

「出る杭」が起こすイノベーションは、この意味でもイノベーション2.0なのである。

「出る杭」は「深く、広く、正しく」考える

「知情意」

18世紀に活躍したドイツの哲学者カントが世界に広めた考え方に、「知情意（ちじょうい）」がある。人間の精神は、知（知性）、情（感情）、意（意志）の三つの領域から成るというものだ。

この「知情意」に準じて、本質に迫れる人材である「出る杭」の精神構造を考えてみよう。

本質は、現実の見え方の根本をなすものであるから、本質に迫るためには、物事を深く考えなければならない。また、本質は、普遍的なものであるから、本質に迫るためには、物事を広く考えなければならない。さらに、本質は、客観的に正しいものであるから、本質に迫るためには、物事を正しく考えなければならない。

そして、主として、物事を深く考えるのは、深さを好む感情、物事を広く考えるのは、広さを求める意志、物事を正しく考えるのは、正しさを確保する知性の働きによるものである。

ならば、本質に迫れる人材「出る杭」は、情の領域で深く、意の領域で広く、知の領域で正しく考える人材であることになる。

要するに、「出る杭」は、「深く、広く、正しく」考える人材なのだ。

これまでの世の中は、浅く、狭く、誤って考える

多くの人は『物事を「深く、広く、正しく」考えるのは、当たり前のこと』と思うだろう。その通りである。「出る杭」は、ただ当たり前のことをするだけなのだ。

ところが、よく指摘されるように、当たり前のことを当たり前に行うことは、極めて難しい。中でも、物事を「深く、広く、正しく」考えることは、その最たるものである。

当たり前のことなのに、「深く、広く、正しく」考えなさいと教える学校は、おそらくまだこの世にない。

「深く、広く、正しく」考えることを社風とする企業も稀有である。逆に「浅く、狭く、誤って」考えてばかりの企業は、少なくない。

世の中は、物事を「深く、広く、正しく」考えるという当たり前のことを、まるで行えていない。

未来の世の中は「深く、広く、正しく」考える

しかし、「ある事物が何か」は、思考とそれに基づくコミュニケーションの基盤であり、本質とは、

「出る杭」は「深く、広く、正しく」考える

カントの「知情意」で考える「出る杭」の精神構造

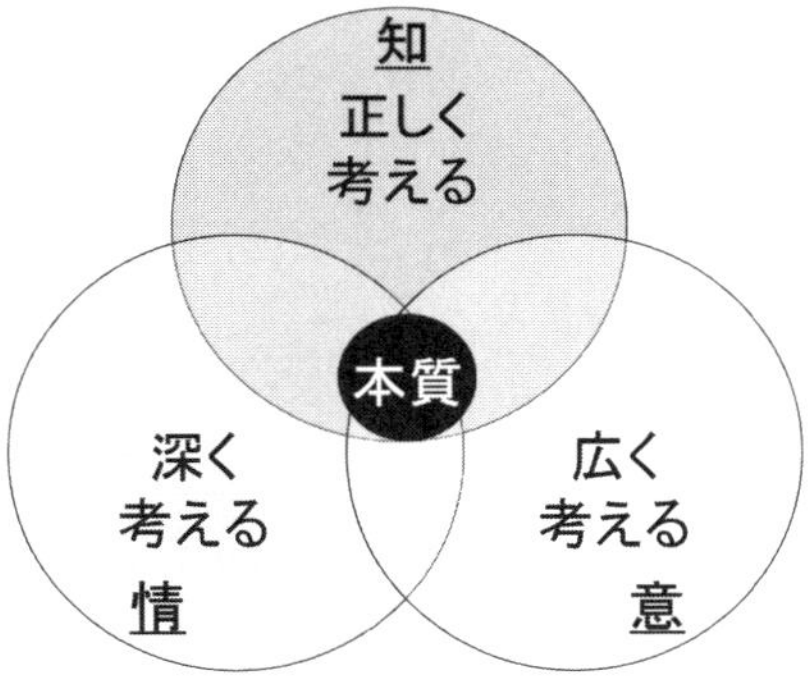

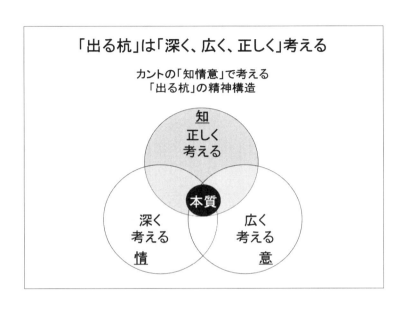

「ある事物が何か」を規定する属性である。

本質とは、現実の見え方、すなわち認識の根本をなすものなのだ。

そのことに気づきさえすれば、世の中は、本質に迫ろうとするはずだ。本質を求めて物事を「深く、広く、正しく」考えるようになるだろう。

物事を「深く、広く、正しく」考えることは、未来の世の中では、当たり前に行われる、当たり前のことになると考えていい。

「出る杭」の考え方は、未来の考え方なのだ。

「出る杭」には、未来が見えている。

だからこそ、「出る杭」企業であるGAFAは、あれほど強いのである。

「出る杭」は世界を救う

米国経済は、超・長期低迷

この15年ほどだろうか、世界は「イノベーションを起こそう」ブームの中にある。例によって、この世界的ブームの震源地も米国である。

では、なぜ「イノベーションを起こそう」なのか。

まだ世の中にはほとんど知られていないが、米国は、経済の超・長期低迷の最中にある。欧州で始まった産業革命を大きく開花させ、世界の経済をリードしてきた米国のGDP成長率は、70年ほど下がり続けている。

世界第1位の経済大国でありながら、政府の借金は2000兆円に達し、債務不履行の危機から脱することができていないという現実には、こうした背景があったのだ。

世界の経済も、超・長期低迷

こうなると、世界の経済も超・長期低迷に陥ることになる。単純に言えば、この100年、世界は米国発のイノベーションを模倣することで経済的な発展を遂げてきたからだ。

世界銀行のデータがある1961年以降だけを見ても、60年ほど、G7（日本、米国、英国、フランス、ドイツ、イタリア、カナダ）のすべての国で、GDP成長率は下落し続けている。新興国の代表格であるBRICs（ブラジル、ロシア、インド、中国）のGDP成長率も、G7に比べれば高い水準にあるものの、下落傾向にある。

BRICsに続くとされるネクスト11（ベトナム、韓国、インドネシア、フィリピン、バングラデシュ、パキスタン、イラン、エジプト、トルコ、ナイジェリア、メキシコ）でも同様だ。

近年、世界中の人々が社会的な閉塞感の中にあり、平和が遠のきつつあると漠然と感じるようになったのは、こうした世界的な経済状況と無関係ではないだろう。

日本の経済も、超・長期低迷

無論、日本のGDPも同様である。世の中では、バブル期（1986年〜1991年）以降だけを取り上げて、よく「失われた20年（もしくは30年）」と言われるが、それでは狭い。経済の低迷期間は、少なくともその2倍はある。

そのことを裏付けるかのように、2019年3月末時点で1100兆円を超える日本国政府の借金は、実は、50年以上も前の1965年に始まったものであり、以降、一貫して上昇傾向にある（財務省資料より）。

「それでも、日本はまだ世界第3位の経済大国だから、大丈夫」などと言うなかれ。「日本」ではなく「日本人」の就業者1人当たりGDPは、50年ほど、OECD加盟36ヵ国中20位前後である（日本生産性本部資料より）。実際には、これまでの日本はサービス残業大国だったから、もっと低いと考えるべきだろう。

そこで、非就業者も含む日本人1人あたりのGDPを見ると、この20年ほど、OECD加盟諸国以外も含めて世界30位前後である（世界銀行データより）。就業者は非就業者と協力して稼ぐと考えれば、これは日本人の「稼ぐ力」をよく示す。

要するに、日本人の「稼ぐ力」は世界で万年30位と考えておけば当たらずとも遠からず、である。日本人は、たいして稼げない。少なくとも、日本人が思っているより、はるかに稼げない。

日本が世界第3位の経済大国でいられるのは、比較的人口が多いからなのだ。日本の人口は、G7では常に2位であり、世界では、1950年以降、最高5位、最低でも10位である。

「出る杭」は世界を救う

世界から「イノベーションを起こそう」ブームが去る気配はない。世界には、圧倒的にイノベーションが足りていない。だから、「出る杭」は、まさに世界が求める人材である。

「出る杭」は、イノベーション2.0を起こして、世界を救うのである。

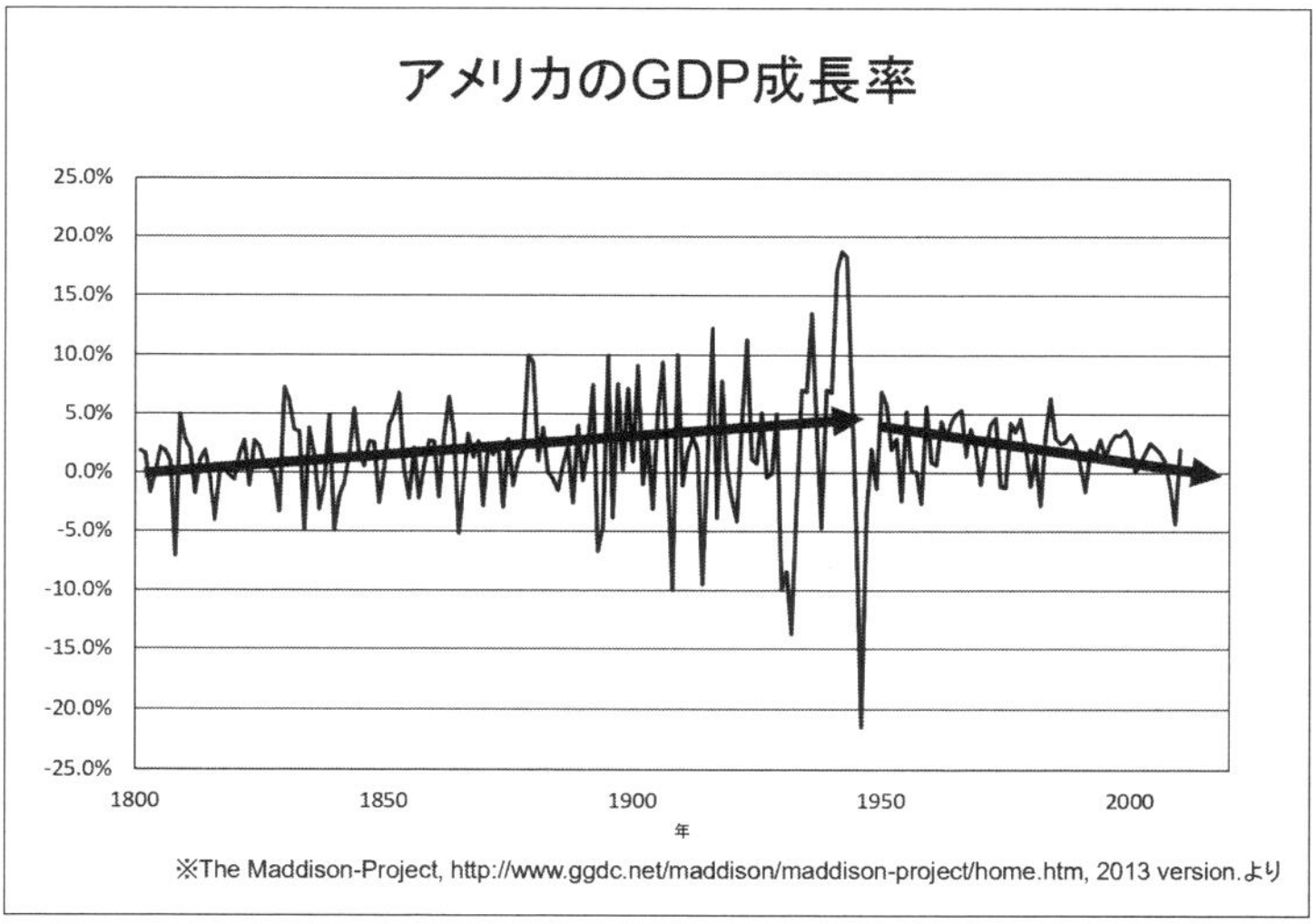
アメリカのGDP成長率
25.0%
20.0%
15.0%
10.0%
5.0%
0.0%
-5.0%
-10.0%
-15.0%
-20.0%
-25.0%
1800
1850
1900
1950
2000
年
※The Maddison-Project, http://www.ggdc.net/maddison/maddison-project/home.htm, 2013 version.より

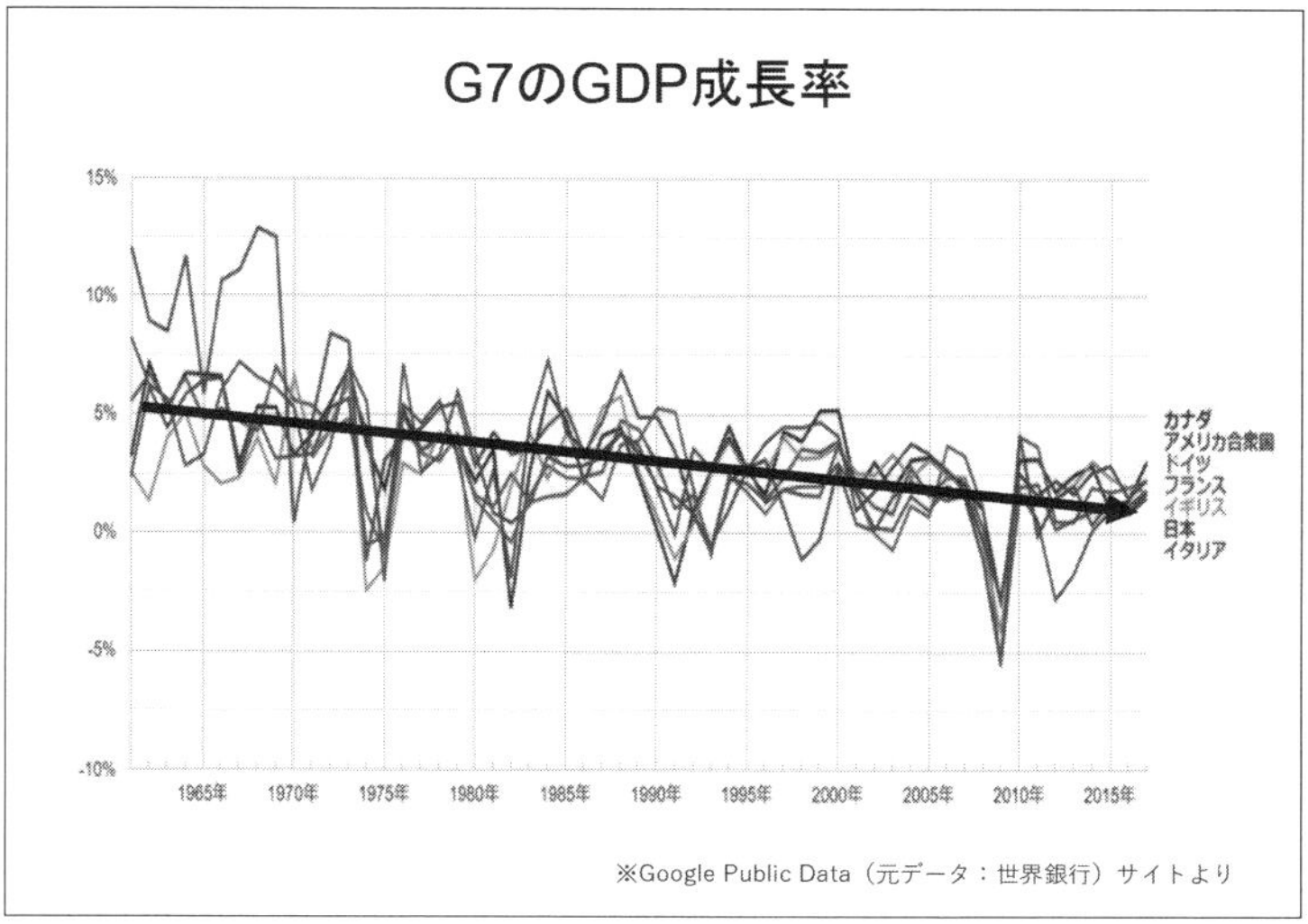
G7のGDP成長率
15%
10%
5%
0%
-5%
-10%
1965年
1970年
1975年
1980年
1985年
1990年
1995年
2000年
2005年
2010年
2015年
カナダ
アメリカ合衆国
ドイツ
フランス
イギリス
日本
イタリア
※Google Public Data（元データ：世界銀行）サイトより

BRICsのGDP成長率

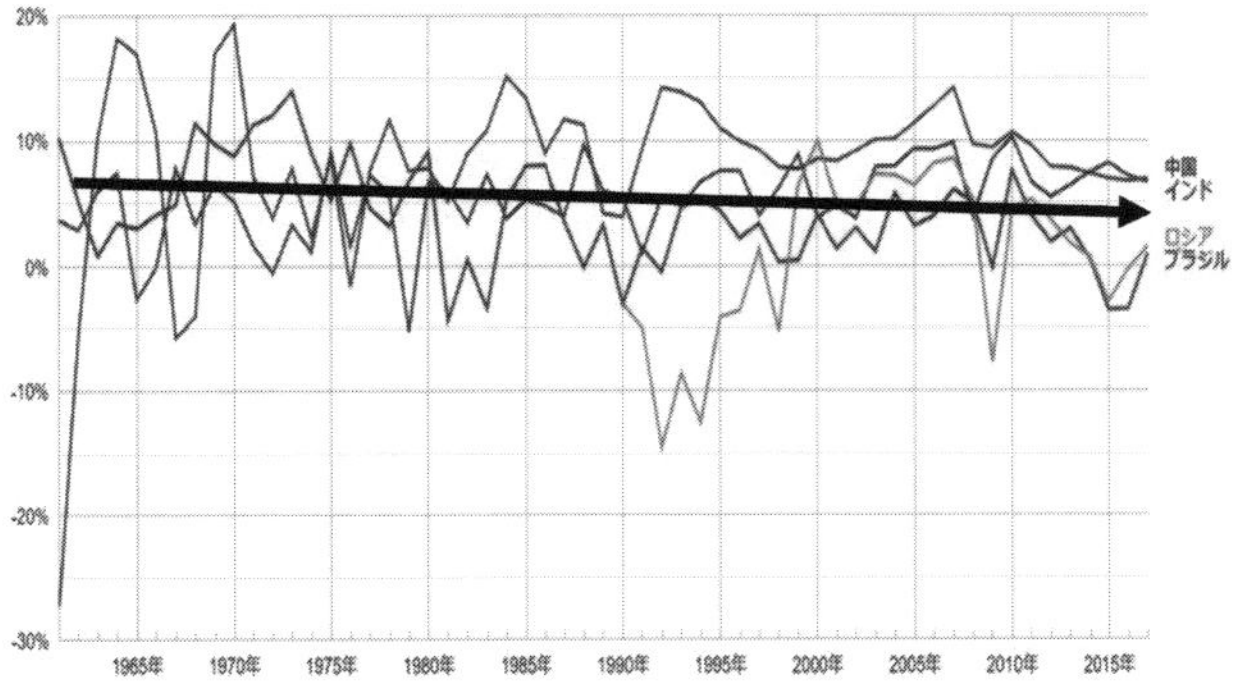

※Google Public Data（元データ：世界銀行）サイトより

ネクスト11のGDP成長率

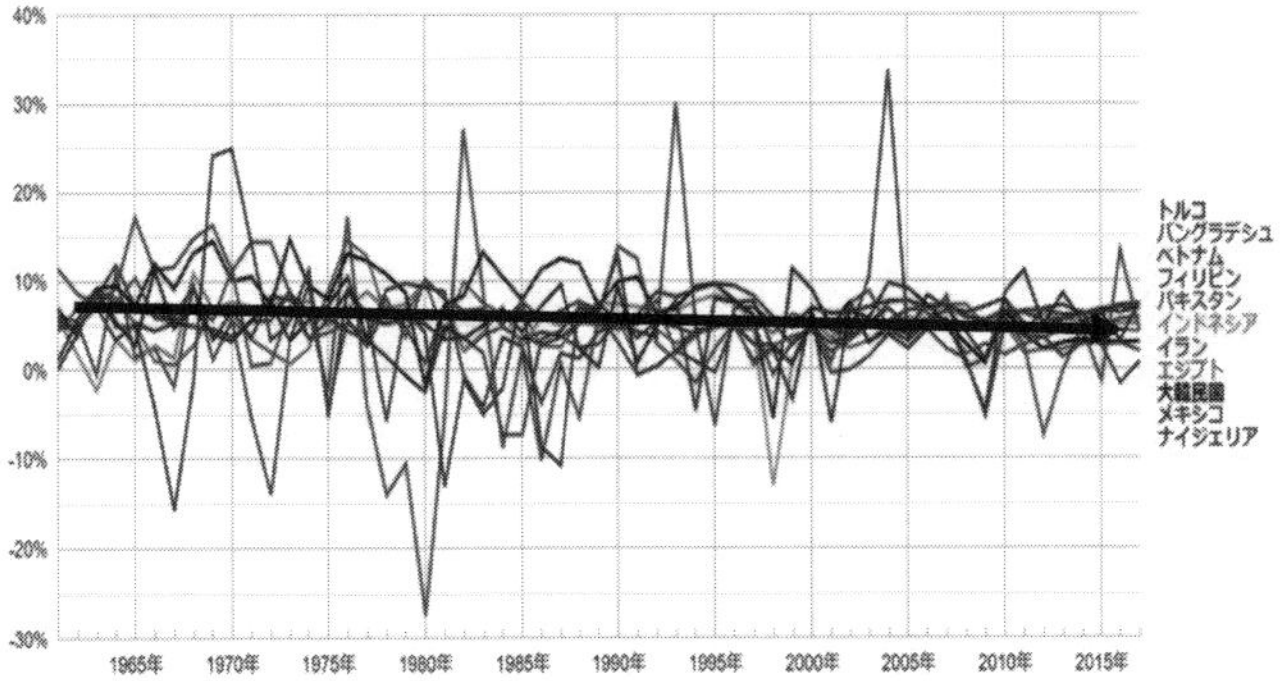

※Google Public Data（元データ：世界銀行）サイトより

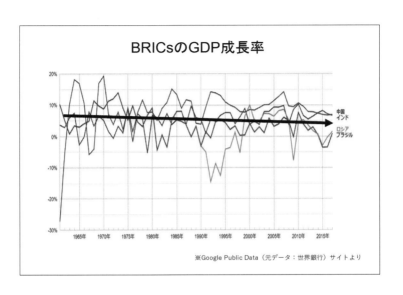

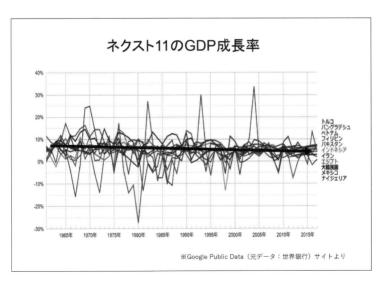

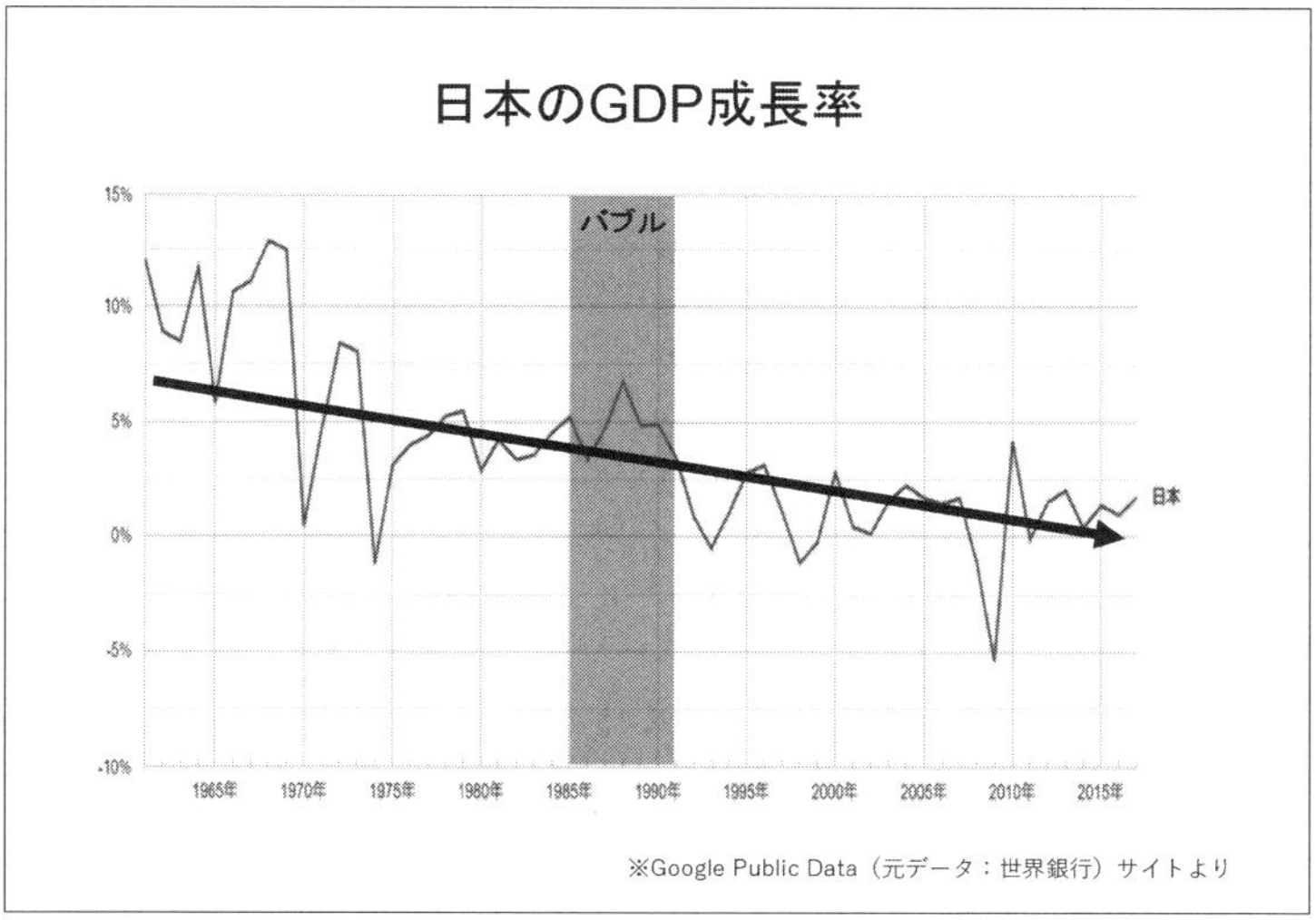
日本のGDP成長率
バブル
日本
※Google Public Data（元データ：世界銀行）サイトより

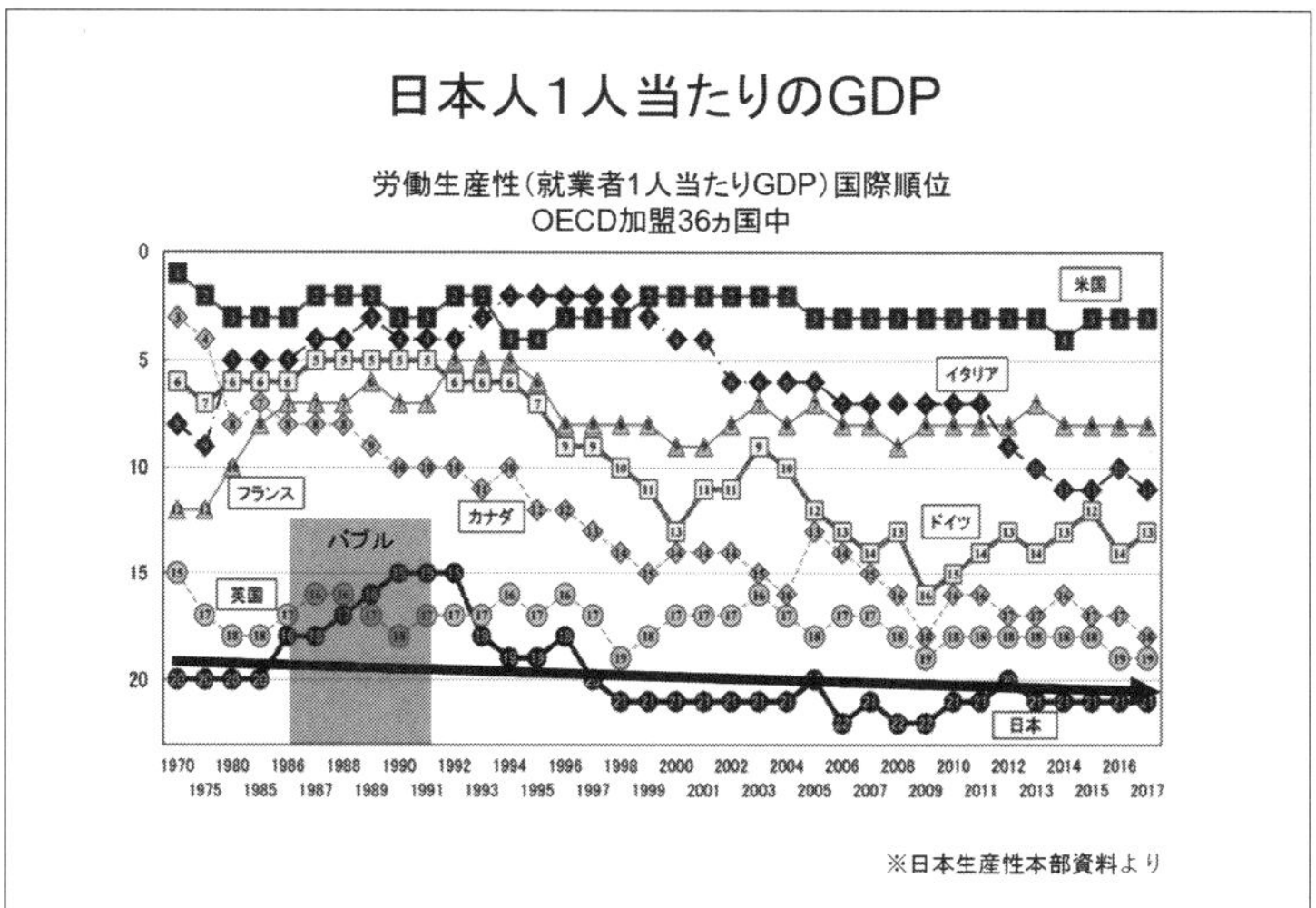
日本人1人当たりのGDP
労働生産性（就業者1人当たりGDP）国際順位
OECD加盟36ヵ国中
米国
イタリア
フランス
カナダ
ドイツ
バブル
英国
日本
※日本生産性本部資料より

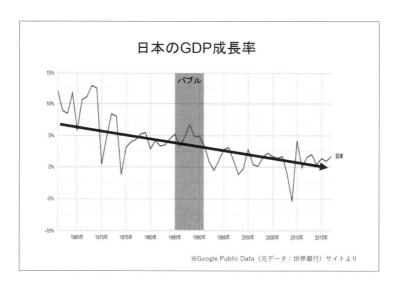

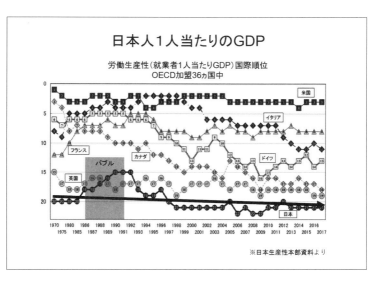

日本を救って、世界を救おう

日本企業はＧＡＦＡを超えられる

繰り返す。古代ギリシアの時代から、本質とは何かが探求され続けてきたが、いまだに標準的な答えは出ていない。人類は、全体として、本質とは何かが分かっていない。

そして、本質とは何かが分かっていなければ、本質に迫ることはできても、本質に迫り切ることはできない。だから、人類は、本質に迫り切れていない。

ＧＡＦＡも、そこは同じなのだ。稀有なことに、ＧＡＦＡは、本質に迫れている。しかし、本質に迫り切れているわけではない。幾つか後述するが、迫り切れていれば当然できているはずの多くのことができていない。

だから、本質とは何かが分かり、本質に迫り切ることができれば、ＧＡＦＡを超える「稼ぐ力」を獲得できる。

日本企業は、本質に迫り切れば、ＧＡＦＡを超える「稼ぐ力」を獲得できる。日本人は、本質に迫り切れば、最強の「稼ぐ力」を獲得することができるのだ。

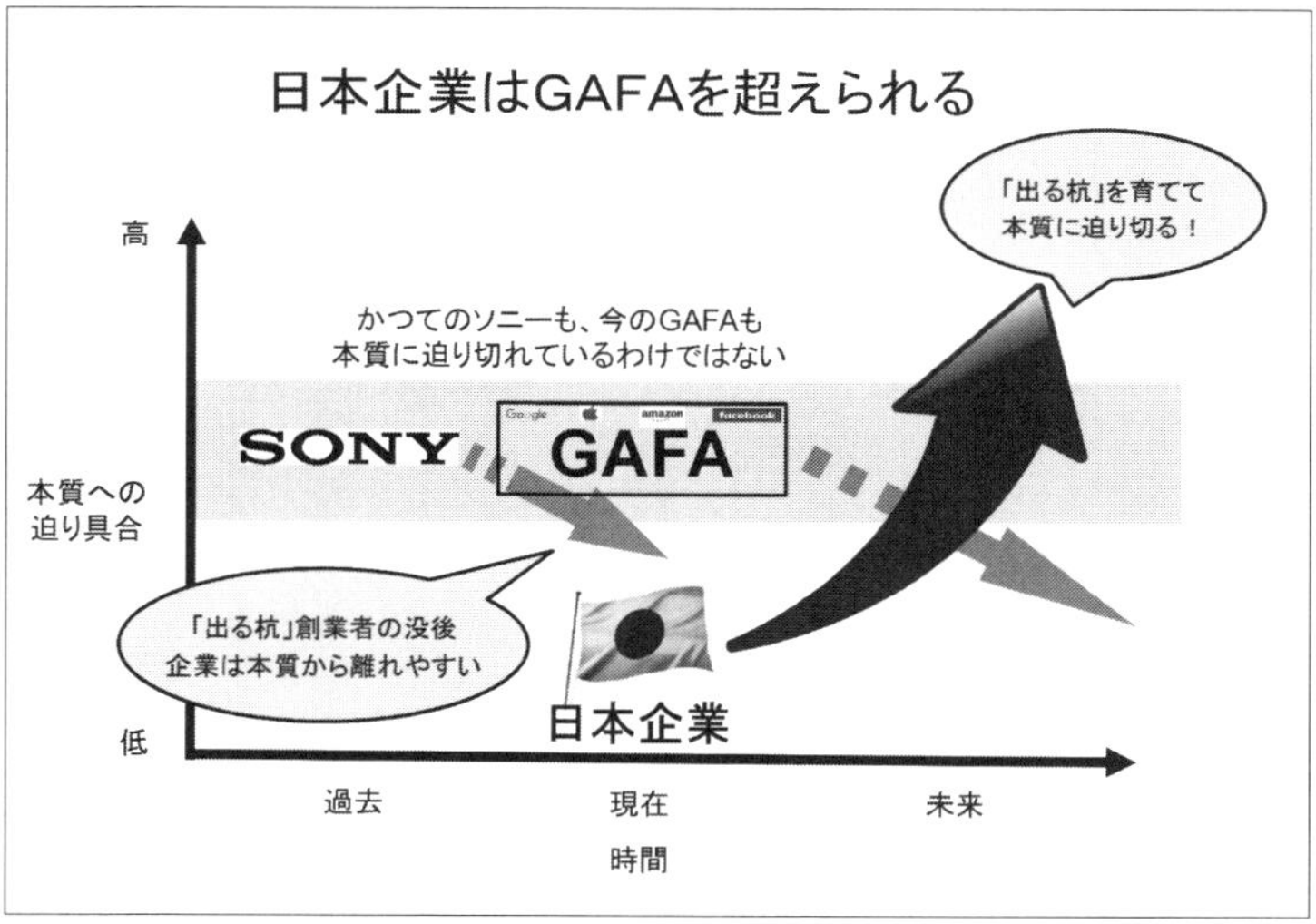

空気なんか読んでる場合じゃない

近年、報道されるようになってきたように、日本で貧困が拡大している。

厚生労働省の資料によれば、相対的貧困率（国や地域の大多数よりも貧しい人の率）は、1985年の約12％から2015年の約16％にアップした。万年30位の中での貧困という、深刻な貧困が、6人に1人にまで広がっている。

それなのに、日本人は、極度に「KY（空気を読めない人）」になるまいとするなど、身辺限定の部分最適を重んじる傾向を強めている。今や「出る杭」は、絶滅危惧種なのではあるまいか。

我々は、本気になって「出る杭」を増やさなければならない。

日本を、そして世界を救うのだ。

第2章　「出る杭」は深く考える

顧客にとって良ければすべて良し

全体最適重視だからこその顧客重視

「出る杭」は、全体最適を重んじる。では、全体最適とは何なのか。ここでは、ビジネスにおける全体最適を見る。

まず、ビジネスとは何か。世の中のあらゆるビジネスという活動から偶有性をすべて捨象する(捨てる)と、「対価を伴う価値を生む」という属性だけが残る。だから、ビジネスの本質とは「対価を伴う価値を生む」という属性であり、ビジネスとは「対価を伴う価値を生む活動」である。

そして、対価を伴う価値は、人から人に提供するものだ。また、我々は、対価を伴う価値を商品価値(あるいは顧客価値)と呼び、商品価値を提供する人をビジネスマン、商品価値を提供される人を顧客と呼ぶ。

ゆえに、本質的に、ビジネスの場に登場する人は、ビジネスマンと顧客しかいない。

よって、ビジネスにおける全体最適の全体とは、ビジネスマンと顧客の集まり全体である。

また、人の集まり全体にとっての最適とは、ある条件の下で、全員がそれぞれ得る価値が最大化されていることだ（以下、「ある条件の下で」と「全員」「それぞれ」は省略）。

よって、ビジネスにおける全体最適とは「ビジネスマンと顧客が得る価値が最大化されていること」である。

その内、顧客が得る価値が最大化されていることとは、ビジネスマンが顧客に提供する商品価値が最大化されていることだ。

他方、ビジネスマンが得る価値が最大化されていることとは、商品価値を提供することによって得る対価が最大化されていることだ。得る対価が最大化されれば、それ（お金）を使ってビジネスマンが得る価値が最大化されるからである。

そして、通常、顧客に提供する商品価値が最大化されれば、ビジネスマンが得る対価も最大化される。だから、顧客に提供する商品価値が最大化されれば、ビジネスにおける全体最適は、実現する。

突き詰めれば、ビジネスにおける全体最適とは、顧客最適なのである。

なお、ビジネスマンとは、企業の経営者、従業員、取引先、投資家のことだ。その中で、経営者は、これらビジネスマン間の対価の分配を担う。

ビジネスにおける全体最適の主要な条件の一つは、経営者による偏りのない対価の分配である。

株主重視の企業と株主は損をする

本質に迫れる「出る杭」は、全体最適を重んじるからこそ、特に顧客を重視する。

グーグルのペイジが言う「株主より顧客」は、そういうことなのだ。アップルのジョブズが言う「アップルの経営より最高のコンピュータ」、つまり「企業より顧客」もそうである。

彼らは、決して顧客だけの部分最適を重んじているわけではない。

ところが、本質に迫れない「出ない杭」には、そのことが分からない。

分からないから、企業は、企業の所有者とされる株主を偏重する。その株主も、顧客偏重はけしからんと言う。

それで企業が顧客重視を緩めれば、企業も株主も、最も稼げる状態から遠ざかる。そうなれば、結局、自分たちも損をすることになるのだが、そのことにすら気づかない。

「お客様ごっこ」のＢｔｏＢ

真の顧客は消費者

消費者向けビジネス、すなわちＢｔｏＣビジネスを行う企業にとっての顧客が消費者であることは、言うまでもない。

では、企業向けビジネス、すなわちＢｔｏＢビジネスを行う企業にとっての顧客とは、一体誰なのか。

世の中がそうするように、「商品」ベースで考えれば、ＢｔｏＢ企業にとっての顧客とは、自社の商品を買う、目の前の取引先企業である。しかし、「商品価値」ベースで考えると、答えは違うものになる。

単純に、あらゆる企業が提供する、あらゆる商品価値の対価を支払う者は、元をたどれば消費者だ。ならば、ＢｔｏＢ企業が提供する商品価値の対価を支払う者は、目の前の取引先企業ではなく、その向こうにいる消費者であることになる。

また、本質的には、顧客は商品を買うのではなく、商品価値を買う。商品は、企業が顧客に提供する商品価値を媒介するものでしかない。

だから、ＢｔｏＢ企業にとっての真の顧客は、目の前の取引先企業ではなく、その向こうにいる消費者である。

そして、消費者とは、広く見れば、消費者の集まり、すなわち社会である。

したがって、あらゆる企業にとって、真の顧客は、消費者の集まりである社会なのである。

インテル入ってる

しかし、世の中では、消費者だけでなく、取引先企業も顧客であると考えられている。

特に、日本企業では、その傾向が強い。しかも、日本人は受け身の姿勢が強い。

だから、日本のＢｔｏＢ企業の多くは、目の前の取引先企業の言いなりになることばかり考えて、その向こうの消費者に目が向かない。

このことを、日本のビジネス界もどこかでまずいと感じているのだろう、この20年ほど、「御用聞き営業」から「提案型営業」へ、との掛け声が叫ばれ続けてきた。

ところが、残念ながら奏功していない。取引先企業目線での「提案型営業」に変われても、消費者目線での「提案型営業」には変われていないから、消費者にとっての商品価値を上げられない。

本質的には、企業は役割分担をして真の顧客である消費者に商品価値を提供しているだけだ。企業が企業を顧客扱いするのは、「お客様ごっこ」でしかない。

半導体のＢｔｏＢ企業である米国インテルは、あろうことか、ＰＣメーカーのＣＭで「インテル入ってる」と消費者に向かってアピールし続けている。

そこには、真の顧客である消費者に近づこうという強固な姿勢がある。

日本電機業界の大誤算

日本を代表する業界の一つである電機業界は、新興国との競争激化などによって悪化した収益回復を狙い、ＢｔｏＢビジネスに大きくシフトしてきた。

２００８年のリーマン・ショックがそれを加速させ、学者やアナリスト、コンサルタントなど多くの有識者、さらにはマスコミもそれを支持してきた。

しかし、それでも幾つもの名門企業が姿を消したり、経営危機に陥って外資に買われたりするなど、日本の電機業界の凋落は、止まらない。一方、ＢｔｏＣビジネスを主軸とするＧＡＦＡの隆盛も止まらない。

日本の電機業界は、収益回復を狙うなら、ＢｔｏＣビジネスのさらなる強化を図るべきであったのだ。真の顧客である消費者から遠ざかって良くなることなど、長期的には何一つない。

「顧客体験（CX）」では浅い

日本もCX重視になってきた

そんな日本にも、顧客の商品体験を重視する考え方である「カスタマーエクスペリエンス（CX：Customer Experience）重視」が浸透してきた。そこで言うカスタマーとは、さすがに取引先企業ではなく、消費者のことである。

「カスタマーエクスペリエンス」は、以前から普及していた「モノ（製品）からコト（サービス）へ」という考え方の「コト」が、消費者目線の表現に進化したものだ。

例によって、これも米国発の考え方であり、癪だが、日本企業にも良い影響を与えている。「モノからコトへ」以前の日本では、「モノづくり大国・日本」の意識が強すぎて、コトの商品よりも、モノの商品が偏重されていた。

しかし、今では、モノづくりの企業も、モノを活用したサービスに注力するようになっている。さらに、そのサービスが顧客目線で吟味されるようにもなってきた。

サービス業の企業も、より顧客目線を意識するようになった。

価値とは何か、商品価値とは何か

ここで、いよいよ、価値とは何かを明らかにしよう。

我々は、記憶しているものだけに価値を感じ、価値は、感情を引き起こす。

つまり、価値には「記憶が生む」と「感情を引き起こす」という属性の組み合わせである「記憶が生み、感情を引き起こす」という属性がある。これは価値すべてにあり、価値以外にない。

よって、価値の本質、すなわち価値の普遍的な特徴とは「記憶が生み、感情を引き起こす」という属性である。また、価値は「モノ」ではなく、「コト」である。

ゆえに、価値とは「記憶が生み、感情を引き起こすコト」である。

そして、対価を伴う価値である商品価値とは、価値に「対価を伴う」という属性を付加したもの、すなわち「対価を伴い、記憶が生み、感情を引き起こすコト」である。

「モノからコトへ」や「カスタマーエクスペリエンス重視」は、少しずつかもしれないが、人類が価値の本質に近づいていることを示していると言えそうだ。

なお、記憶の代わりに認識と言っても構わない。記憶は、保存された認識であり、認識は、たとえ短時間でも保存されたものであるからだ。よって、本書でも適宜、記憶を認識と言う。また、記憶（認識）をインプットとする思考のアウトプットも、記憶（認識）である。

体験より記憶

しかし、「カスタマーエクスペリエンス重視」は、商品価値の本質に迫り切れた考え方ではない。カスタマーエクスペリエンスは、モノの商品の体験であれ、サービス商品の体験であれ、商品がなくなれば、なくなってしまう。

対して、顧客の記憶は、商品がなくなっても、なくならない。だから、顧客の記憶が生む商品価値は、顧客の生涯にわたり継続する。

さらに、記憶は、他の記憶を付加することで、より高い商品価値を生むものに更新できるから、顧客の記憶が生む商品価値は、顧客の生涯にわたり継続して高めることができる。

価値の本質に迫り切り、商品価値の本質に迫り切れば、そのことが見える。「カスタマーエクスペリエンス重視」を超えて、「カスタマーメモリー重視」になるのである。

「千年課金」のビジネスモデル

生涯課金という発想

「カスタマーメモリー重視」になると、例えば、顧客の生涯にわたり課金するという発想になる。対して、商品がなくなれば、なくなってしまう「カスタマーエクスペリエンス重視」では、そうした発想になりようがない。

だから、現状、モノの商品の場合は、モノを引き渡した時点、サービス商品の場合は、サービスが完了した時点で課金が終わる。つまり、課金の期間は、長くても商品の生涯とするのが常識となっていて、誰も疑問に思わない。

しかし、通常、顧客の生涯は、商品の生涯よりもはるかに長い。顧客の生涯にわたり課金すれば、商品の生涯でしか課金していない現状より、はるかに稼ぐことができる。

aiboで生涯課金だワン

「そんなことが実現できるはずがない」との声が聞こえてきそうだが、できるのだ。

昨年（2018年）復活した、ソニーの犬型ロボットaibo。そのビジネスモデルには、本体とサーバー間のデータのやりとりを通じて、ａｉｂｏを飼い主（ユーザー）好みに進化させていくなどのクラウドサービスが組み込まれている。

例えば、このビジネスモデルの発展形として、ａｉｂｏとの日々の記憶をサーバーに蓄積し、それをａｉｂｏの亡き後、ＶＲやゲーム機器を通して配信・再現することで、飼い主に、在りし日のａｉｂｏを偲ぶ生涯を送らせて課金することができる。

人間は、良い記憶を経時的に美化する生き物だから、ａｉｂｏとの記憶をただ再現するだけでも、記憶が生む商品価値を生涯にわたり継続して高めることになる。そこにＶＲやゲームの技術で演出を加えれば、なおさらだ。ソニーは、このビジネスモデルで大きく稼ぐことになるだろう。

ｉＰｈｏｎｅはまだまだ

このビジネスモデルを見てしまうと、アップルのｉＰｈｏｎｅをプラットフォームとする『「Ｂｗｉｔｈ Ｃ」ｔｏ Ｃ』も色褪せる。

確かに、ｉＰｈｏｎｅの使用体験（の記憶）が生む商品価値は、ＯＳの更新、アプリやコンテンツの蓄積などにより、商品の生涯にわたり継続して高めることができている。アプリの開発者やコンテンツの提供者などを介して継続課金することができている。

しかし、それもｉＰｈｏｎｅがなくなれば、はい終わり。ａｉｂｏには遠く及ばない。

本質に迫り切ることができればＧＡＦＡを超えられることが、これだけでもかなりお分かりいただけるのではあるまいか。

なお、現時点で、ソニーが私の言う方向に進むかどうかは定かではない。進むことになるとは思うが、あくまでも私の仮説なので、念のため。

宗教を見よ

実は、「カスタマーメモリー重視」が高じると、「生涯課金」どころの発想ではなくなってくる。記憶は子々孫々、継承することができる。ならば、一代限りの「生涯課金」ではなく、代々続く「家系課金」ができることになる。千年続く記憶のビジネスモデルができる。

「そんなことが実現できるはずがない」との声がまた聞こえてきそうだが、できるのだ。いや、これは既に実現されている、と言うべきだろう。

主要な宗教は、ビジネスとして見れば、記憶を子々孫々、継承することによる家系課金のビジネスモデルを、何千年も前に確立している。

本質的なことは、時間軸上でも普遍的なのである。

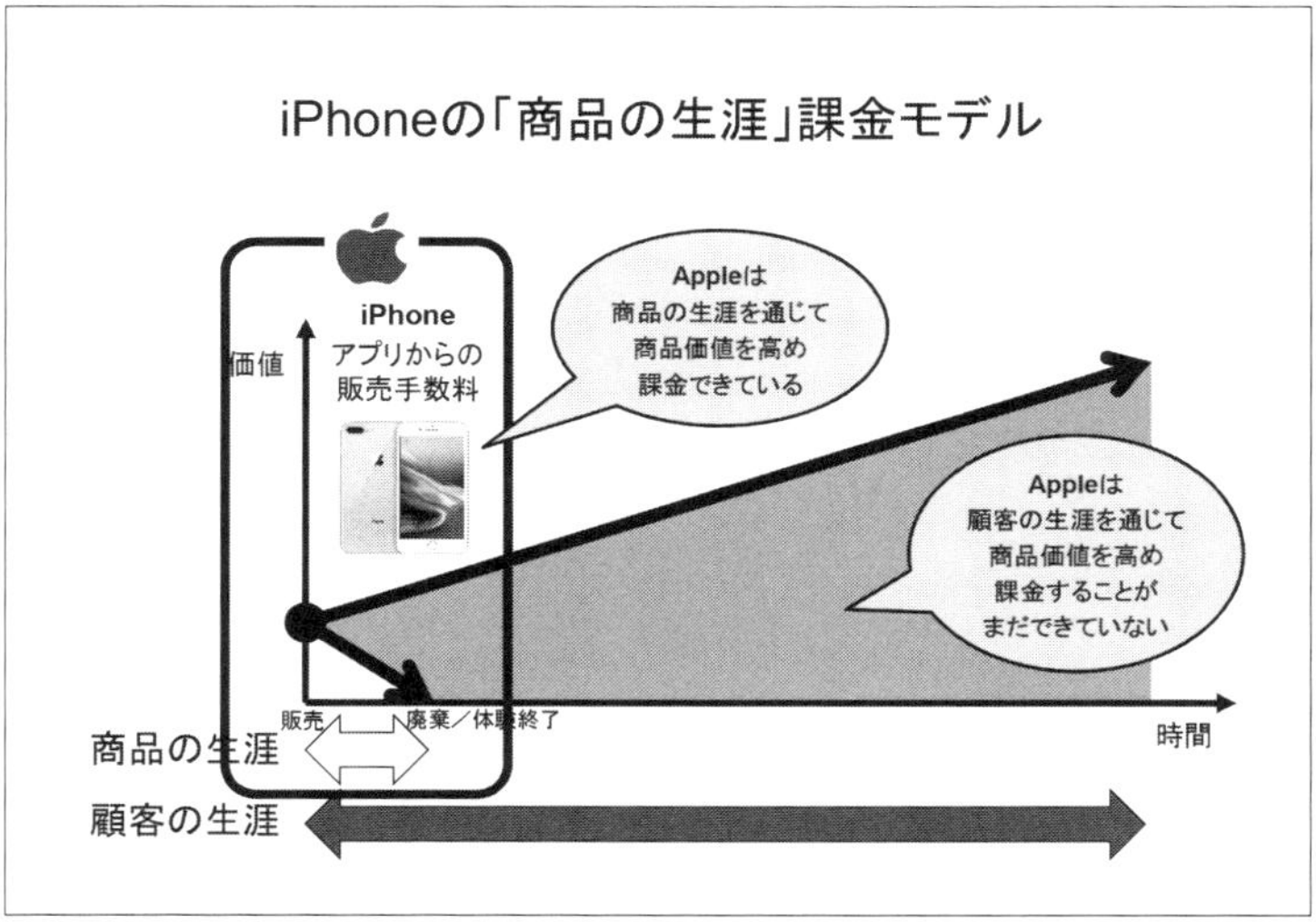
iPhoneの「商品の生涯」課金モデル
iPhone
アプリからの
販売手数料
価値
Appleは
商品の生涯を通じて
商品価値を高め
課金できている
Appleは
顧客の生涯を通じて
商品価値を高め
課金することが
まだできていない
販売
廃棄／体験終了
時間
商品の生涯
顧客の生涯

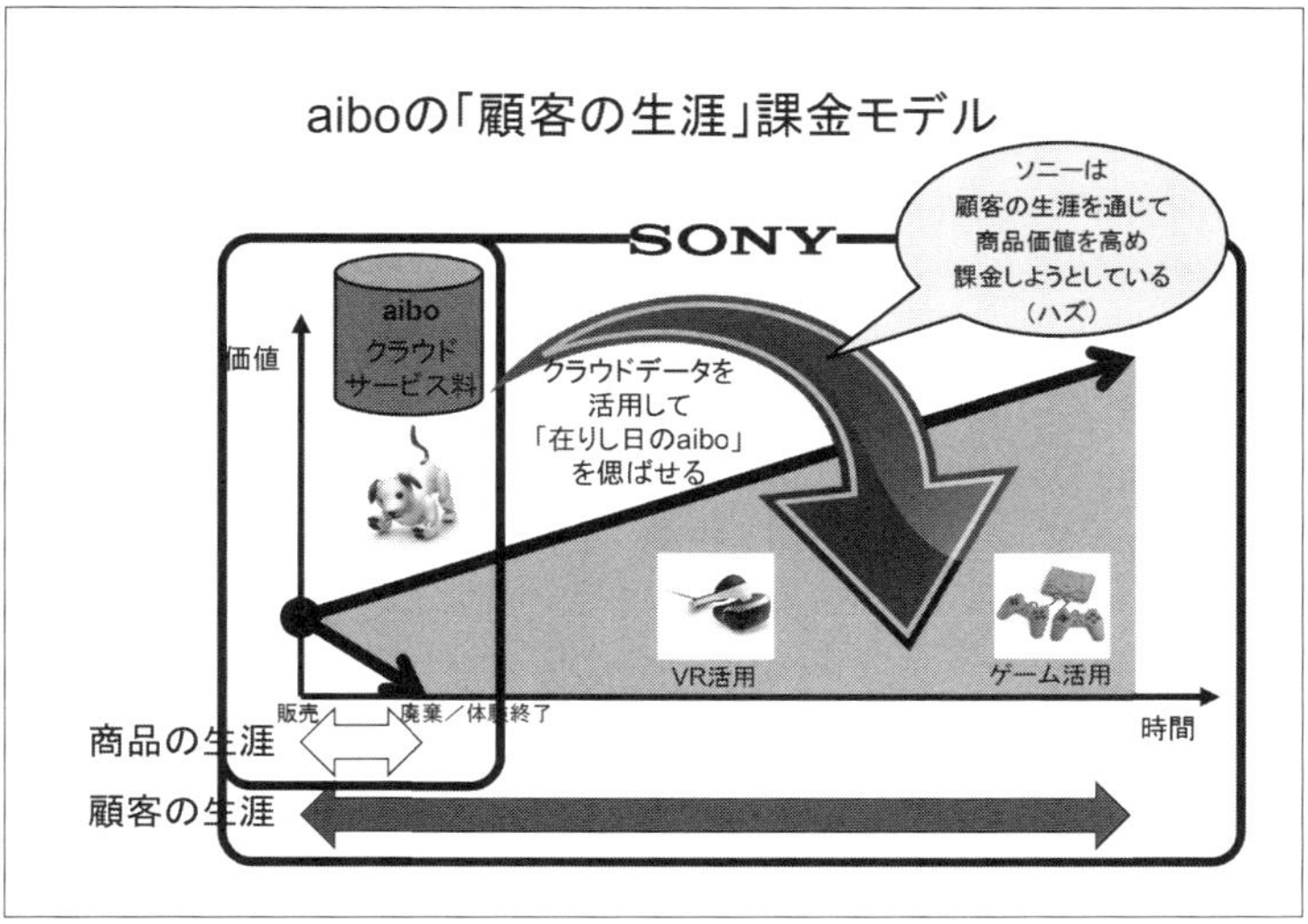
aiboの「顧客の生涯」課金モデル
SONY
ソニーは
顧客の生涯を通じて
商品価値を高め
課金しようとしている
（ハズ）
aibo
クラウド
サービス料
価値
クラウドデータを
活用して
「在りし日のaibo」
を偲ばせる
VR活用
ゲーム活用
販売
廃棄／体験終了
時間
商品の生涯
顧客の生涯

商品を買わない時代

シェアリングエコノミーは正しい

近年、「モノからコトへ」や「カスタマーエクスペリエンス重視」以外にも、人類が価値の本質に近づいていることをうかがわせることがある。

商品を買わずに必要なときだけ借りるという消費行動が生む、シェアリングエコノミー（共有経済）だ。

日本でも、自動車のカーシェアリングや住居の民泊などがよく知られるようになった。２０１３年に約１５０億ドルだった世界の市場規模は、２０２５年には約３３５０億ドルの規模に成長する見込みだという（ＰｗＣ調査より）。

本質的に、顧客は商品を買うのではなく、商品価値を買う。「商品を買わずに必要なときだけ借りる（シェアする）」ことは、本質的には、「必要なときだけ商品価値を買う」ことだ。

そして、「必要なときだけ商品価値を買う」ことは、「享受した商品価値の分だけ対価を支払う」ことである。

要するに、シェアリングエコノミーは、「享受した商品価値の分だけ対価を支払う」経済なのだ。

「享受した商品価値の分だけ対価を支払う」ことは、当たり前のことである。そもそも、まだ商品を使ってもいないのに「商品を買う」と称して対価を支払うことがとんでもなくおかしい。とんでもなくおかしいのに、これまで人類はそれに慣らされてしまっていた。まだ乗ってもいない自動車や、住んでもいない家に大金を支払ってきた。

世界経済が超・長期低迷して節約モードになってきていることもあるのだろうが、人類は、商品を使ってもいないのに対価を支払うことがとんでもなくおかしいことに気づき始めたのだと思う。

今後、シェアリングエコノミーは拡大の一途をたどることになるだろう。いずれ、商品を所有すること自体に高い価値を感じる場合を除き、誰も商品を買わなくなる。

拡大する従量課金

顧客にとっての「享受した商品価値の分だけの対価の支払い」は、企業側にとっての「提供した（生んだ）商品価値の分だけの課金」、すなわち商品価値の「従量課金」であり、「従量課金」は、徐々に様々な商品に広がりつつある。

例えば、アマゾンのキンドル・アンリミテッドという、数年前に始まったサービスでは、本の提供者に支払われる金額が、読まれたページ数に応じたものになる。

今のところ、アマゾンから読者への課金の部分は、定額読み放題という形を取っているため、完全な従量課金となってはいないが、遅かれ早かれ、そうなるに違いない。

そうなれば、「本を一冊買ったけど面白くないので最初の何ページか読んで終わり。残りのページは丸損」などということもなくなるわけで、顧客にとっては良いことである。活字離れが進む時代、人々を本に呼び戻すための起爆剤になるかもしれない。

ＢｔｏＢでも従量課金

従量課金は、ＢｔｏＢビジネスでも始まっている。

グーグルの検索広告では、検索システムのユーザーが広告をクリックした分だけ、広告企業に課金される。それが、広告スペースに課金する従来型の課金に慣らされていた世の中を仰天させたことは、記憶に新しい。

広告も商品価値を生むと考えれば、これは、広告企業による商品価値の提供にグーグルが貢献した分だけの課金である。

今後、ＢｔｏＢビジネスにおいて、「商品価値の提供に貢献した分だけの課金」としての従量課金は、広がっていくだろう。

市場とは「頭」である

商品価値は顧客の頭の中にある

商品価値は、顧客の頭の中で、商品についての記憶が生むものである。

ならば、商品価値は、顧客の頭の中にある。

そして、商品とは「顧客の頭の中に、商品価値を生む記憶を生むもの」である。

だから、商品とは、要するに「商品価値を生むもの」であるが、それ自身に商品価値はない。

日本人は商品に引っ張られ過ぎ

商品に商品価値がないことを、感覚的に、欧米人は日本人より分かっているようだ。


例えば、通常、日本人の大半は、商品価値を英語で「Product Value」と言う。

対して、多くの欧米人は「Economic Value」、すなわち「経済的価値」と言ったり、「Economic Value of Product（商品の経済価値）」と言ったりする。

また、「この Product は、こういう Economic Value を生む」という言い方をする。

彼らも本質に迫り切れているわけではないから、さすがに「この Product は、顧客の頭の中にこういう Economic Value を生む Memory を生む」とは言わない。「この Product には、こういう Economic Value がある」と言うこともある。

しかし、少なくとも、彼らは、商品と商品価値を切り分けた思考ができている。

日本人は、商品と商品価値を一体的に考え過ぎるのだ。

だから、日本企業は、顧客の頭の中をいじる作戦であるブランド戦略でいつまで経っても欧米企業にかなわない。

その中で、ソニーの盛田氏は、常々「ソニーは商品を売っているのではない。価値観を売っている」と言っていた。

このことは、彼が商品価値の本質に迫っていたことをよく示す。

市場とは顧客の頭である

では、市場とは何なのか。

市場とは、商品ベースで考えれば、「商品が売買される場」だ。辞書にも「商品としての財貨やサービスが交換され、売買される場についての抽象的な概念」(三省堂 大辞林)とある。

また、一般的に、市場には「顧客の集まり」、すなわち「商品を買う人の集まり」の意味もある。我々は、居住地や年齢・性別などで括った顧客の集まりを「日本市場」「高齢者市場」「女性市場」などと呼ぶ。

いずれにしても、市場に商品は欠かせない。

しかし、商品価値ベースで考えれば、違う。

商品ベースで考える市場に商品が欠かせないように、商品価値ベースで考える市場に商品価値が欠かせない。

そう考えると、市場とは、商品価値が唯一存在する場である「顧客の頭」、「顧客の頭の集まり」であることになる。

つまり、真の市場とは「顧客の頭（の集まり）」なのである。

市場占有率とは「頭の占有率」である

顧客の頭の占有率

真の市場が「顧客の頭（の集まり）」ならば、真の市場占有率とは何なのか。

人は、いま記憶したばかりのものも含め、何かについての記憶を再生させる、すなわち何かを思うことで価値を感じる。そして、人が感じる価値の一種が商品価値であり、我々は、商品価値を感じる人を顧客と呼ぶ。

また、何かを思うことで価値を感じる以上、何かを思う時間は、何かから感じる価値の大きさを表すと考えられる。

よって、商品価値の大きさは、商品を思う時間で表すことができる。

ゆえに、市場占有率は、顧客が商品を思う時間の内、特定の商品を思う時間が占める割合として表すことができる。

しかし、顧客が商品を思う時間の上限は、顧客が何かを思う時間のほぼすべてである。これだけ商品が身の回りに溢れる世の中では、顧客が何かを思う時間のほぼすべてを、商品を思うことに費やすことはあり得るからだ。

ならば、市場占有率は、顧客が商品を思う時間ではなく、顧客が何かを思う時間の内、特定の商品を思う時間が占める割合と考えたほうが良さそうである。

そして、我々は、人が何かを思うとき「〇〇（思う対象）が頭を占める」と言う。

だから、要するに、真の市場占有率とは、顧客の頭の占有率なのだ。

売上高や販売台数で顧客の頭の中は見えない

世の中が考える市場占有率は、商品カテゴリーの中で、商品の売上高や販売台数が占める割合である。

これは、商品カテゴリーという枠の中での、顧客の頭の占有率をある程度表すと言える。例えばヒット商品の場合、顧客が商品カテゴリーに属する商品を思う時間トータルの内、ヒット商品を思う時間が占める割合は高い傾向があるだろう。

しかし、世の中が考える市場占有率は、商品カテゴリーという枠なしでの、顧客の頭全体における占有率をまったく表さない。頭の中の極めて狭い範囲の占有率しか表さない。

競合商品は、商品カテゴリーという枠の外に無数にあるであろうにも関わらず、である。

「他には何も考えられない」

ビジネスにおける競争とは、本質的に、あらゆる商品、いや、あらゆる事物の間での、顧客の頭のぶんどり合いなのだ。

そのことを、マイクロソフトは感覚的にかなり分かっているようである。分かっているから、数年前に話題となった「これさえあれば、何もいらない」とのキャッチフレーズで商品（ＰＣ）のアピールを繰り返していたのだろう。

ただし、それでもイマイチである。「これさえあれば、何もいらない」は、要不要の話に閉じている。それでは狭いのだ。「何もいらない」ではなく、「何も考えられない」とすべきである。

究極は、「他には、何も考えられない」だ。人類全員が自社の商品のことだけを寝ても覚めても思う状況をつくることが競争の終点なのである。

価値の大きさと高さ

なお、価値の大きさが何かを思う時間であるのに対して、価値の高さは、何かを思うことで引き起こされる感情の強さと種類の組み合わせである。通常、高い価値は、大きな価値である。

本書では、この前提で、価値の大きさと高さを区別している。

プラスの価値とマイナスの価値

企業には顧客の頭の中が見えていない

商品価値の大きさは、顧客が商品を思う時間である。

ならば、商品価値の顧客毎の大きさは、個々の顧客がその商品を思う時間であり、市場全体での大きさは、すべての顧客がその商品を思う時間の総計である。

そして、企業にとって、自社の商品が生む商品価値の大きさは、何よりも見るべきものである。

しかし、企業は、自社の商品を思う時間を顧客に尋ねようともしない。自社の商品を思う時間を問うアンケートは、おそらくまだない。

また、商品価値の大きさは、顧客の頭の中の商品についての記憶の数と相関する。

一般的に、商品についての記憶（記憶を再生したという記憶も含む）の数が多い方が、記憶の再生回数が増えて、商品価値は大きい。

だから、企業にとって、商品についての顧客の記憶数は、商品価値を増大させるために増加させなければならないものである。

しかし、記憶数を増加させる以前の話として、自社の商品を持つ顧客の人数を把握している企業はあっても、自社の商品についての顧客の記憶数を把握している企業は、おそらくまだない。

企業には、真の市場である顧客の頭の中が、まるで見えていない。

今や、ＩＯＴ(Internet of Things)の時代である。無数のものがインターネットに繋がるこの社会には、工夫次第で、顧客が商品を思う時間や、商品についての顧客の記憶数をかなりの精度で把握できる環境が既にある。

企業は、顧客の頭の中を見ようとすれば、見ることができるのだ。

マインドシェア

なお、世の中には、「マインドシェア」というマーケティング用語がある。

辞書では「特定のブランドまたは企業が、消費者の心の中でどの程度好ましい地位を得ているかを比率の形で示したもの。一位挙名率や純粋想起率などの知名度シェア、購入意向率やイメージ得点シェアなどが用いられる」(小学館 デジタル大辞泉)と解説されている。

また、市場占有率(世の中が考える市場占有率)との対比で用いられるものともされる。

いい線を行っている概念なのだが、これも本質に迫り切れてはいない。

通常、マインドシェアは、商品カテゴリー毎に把握されるものである。また、顧客が商品を思う時間の比率で示すものでも、商品についての顧客の記憶数の比率で示すものでもない。ただし、既存の市場占有率が本質的なものではないことに、世の中が気づいてきていることを示すものではあると思う。

商品価値にはプラスとマイナスもある

価値について、もう一段深い次元の話も付け加えておきたい。

価値とは「記憶が生み、感情を引き起こすコト」である。そして、感情には、プラスの感情とマイナスの感情がある。

ならば、価値には、プラスの感情を引き起こすプラスの価値と、マイナスの感情を引き起こすマイナスの価値があると考えるのが自然である。

ゆえに、記憶には、プラスの価値を生むプラスの記憶と、マイナスの価値を生むマイナスの記憶がある。

だから、これらのことを踏まえて商品価値の大きさを把握するなら、顧客が商品をプラスに思う時間からマイナスに思う時間を差し引かなければならない。

商品についてのプラスの記憶数からマイナスの記憶数を差し引かなければならない。

そもそもオレが商品だ

根源的な商品はビジネスマン

商品とは、顧客の頭の中に、商品価値を生む記憶を生むもの、要は、商品価値を生むものである。ならば、根源的な商品とは何なのか。

そう問われてよく出てくる答えが「自然の事物」である。日本人には、こう答える人が多い。しかし、例えば、海で泳ぐマグロのような自然の事物には、対価の受け取り手がいない。マグロを生んだ地球は、対価の受け取り手になり得ない。

対して、マグロを獲る人、獲られたマグロを運ぶ人、運ばれたマグロを加工する人など、マグロに関わって働く人は、対価の受け取り手になる。

だから、商品価値を生むものとは、マグロを獲る人、運ぶ人、加工する人などの働きなのだ。マグロは、それ自身が「美味しさ」などの価値を生むが、商品価値を生まない。

マグロは、人の働きが付加されて、はじめて商品になる。勝手に海から飛んできて刺身となって食卓に並んでくれない。

つまり、あらゆるものを商品にするのは、人の働きなのだ。そして、人の働きを生むのは、人であり、働きを生む人、すなわち働く人とは、ビジネスマンである。

したがって、根源的に商品価値を生むもの、すなわち根源的な商品とは、我々ビジネスマンである。

自分の商品価値に疎い日本人

残念ながら、根源的な商品とは何かという問いに対して、日本人には、長時間かけてもビジネスマンとの答えに辿り着かない人が多い。

対して、欧米人には、短時間でビジネスマンと答える人が多い（英語のビジネスマンは「実業家・経営者」を意味するから、実際には「ワーカー（Worker：働く人）」と答える）。瞬間的に「自分」と答える人も少なくない。

ところが、同じ日本人でも、多くの子供は「お父さん、お母さん」や「働く人」と即答する。

大人の日本人には、自分が商品価値を生んでいるという感覚が薄い。こうしたところも、日本人の稼ぐ力が弱い原因になっている。

商品づくりより人づくり

商品価値の限界

根源的な商品がビジネスマンであるということは、そもそも顧客に提供しているのはビジネスマンの商品価値であるということだ。マグロのような、一般的に商品と呼ばれる、ビジネスマン以外の商品は、ビジネスマンの商品価値の媒体でしかない。

ならば、顧客に提供する商品価値を高めるには、ビジネスマンの商品価値を高めるしかない。

だから、企業が顧客に提供する商品価値を高めるには、社内のビジネスマンである経営者や従業員の商品価値を高めるしかない。

また、企業は、経営者や従業員の商品価値を超える商品価値を顧客に提供することはできない。

日本には、このことをよく分かっている経営者がいた。「商品をつくる前に人をつくる」ことを信念としていたパナソニック創業者の松下幸之助氏である。

よく知られるように、彼は「人づくり」に注力した。商品価値の本質に近いところにいた。

しかし、概して、日本企業の経営者は、このことを分かっていない。

日本企業の経営者には、人材が大切だ、大切だと口では言いつつも、従業員の商品価値を高めることはせず、やみくもに顧客に提供する商品価値を高めることを求めるタイプが実に多い。

彼らは、商品価値の本質から遠いところにいる。

やっぱり自分の商品価値に疎い日本人

一方、日本企業では、従業員の側も、顧客に自分の商品価値を提供しているという感覚が薄い。だから、概して日本企業の従業員は、ビジネスをしているというよりも、作業をしているという感覚になる。

そうなると、どうしても商品価値を生まない無駄な仕事が多くなり、効率が悪くなる。仕事の姿勢が受け身になる。稼ぐ力が弱くなる。

スイスの国際経営開発研究所が出す有名な「世界競争力ランキング」（２０１９年版）によると、調査対象である63ヵ国中、日本は総合30位、ビジネスの効率性では46位と相当低い。

起業家精神にいたっては、63位と最下位だ。仕事の姿勢が受け身であることの表れだろう。

他者の商品価値にも疎い日本人

顧客に自分の商品価値を売っているという感覚が薄いと、顧客の立場になったとき、目の前の商品ではなく、それをつくった人の商品価値を買っているという感覚が薄くなる。そうなると、商品をつくった人への感謝が薄くなる。

それは良いことではない。多くの場合、感謝の多い人生の方が幸せである。

では、日本人は、もともと商品より人を思う力が弱いかと言えば、そうでもない。

かつての日本人は、毎回の食卓の白いご飯を見ては、お米よりむしろお米を栽培した農家の人に感謝していたものだ。古くから、日本人は、商品より人を思う力を持つ。忘れているなら、ただ思い出せばいい。

なお、念を入れておくが、ここでビジネスマンの商品価値と言っているものは、ビジネスマンがその働きによって（生む商品を介して）顧客の頭の中に（生む記憶が）生む商品価値を指す。

だから、ビジネスマンの商品価値は、ビジネスマン自身にはもちろん、ビジネスマンの働きや、ビジネスマンが生む商品にあるわけではない。

商品価値は、あくまでも顧客の頭の中に発現する。

金より理念

「お金を稼ぐ」目的は、偶有性

さて、辞書には、ビジネスとは「①仕事、職務　②業務、実務　③営利活動、取引　④個人的な感情をまじえない、金もうけの手段としての仕事」（大辞林　第三版）とある。

①と②は、「ビジネス」の単なる言い換えだから横に置くとして、③と④から見えてくるのは「お金を稼ぐ」という目的だろう。

世の中が考えるビジネスとは、「お金を稼ぐ」ことを目的とする活動なのだ。

しかし、例えば、趣味のストリートパフォーマンスのように、自分が楽しむことを目的とする活動でお金を稼げたら、それはそれで立派なビジネスである。

もっと言えば、滅多にないだろうが、意図せず道端で派手にころんだことでお金を稼げたら、それも単発のビジネスだ。

だから、「お金を稼ぐ」という目的は、ビジネスの本質ではなく、偶有性でしかない。

そもそも、「お金を稼ぐ」という目的に限らず、ビジネスには目的というものが偶有性である。

本質的に、ビジネスとは、対価を伴う価値を生む活動だ。対価を伴う価値を生む活動でありさえすれば、あらゆる活動がビジネスである。

ビジネスに「お金を稼ぐ」ことは、なくてはならない属性だが、『「お金を稼ぐ」という目的』という属性は、なくてもいい。

お金を追い過ぎると、稼げなくなる

ビジネスを「お金を稼ぐ」ことを目的とする活動と考える世の中では、企業もそう考える。だから、企業は、「お金を稼ぐ」という目的に向かって邁進する。

しかし、「お金を稼ぐ」という目的意識が強くなり過ぎると、ビジネスが価値を生む活動であるという意識が弱くなる。

顧客に提供する価値を軽視し、財テクなどの、お金を得るテクニックに走ることになる。ときには、お金のために社会的な不祥事を起こすことにもなる。我々は、そうなってしまった企業を、一体幾つ見てきただろう。

お金は、あくまでも、価値の対価なのだ。顧客に提供する価値を軽視する企業は、長期的には必ず衰退の道をたどる。顧客に低い価値しか提供できなくなり、低い価値に見合う低い対価しか得られなくなる。

「お金を稼ぐ」という目的を追い過ぎると、かえってお金を稼げなくなるのである。

最近、世の中もやっと、このことを認識し始めたように思う。そういう論調の主張をよく見聞きするようになった。

だが、本質的に、ビジネスには「お金を稼ぐ」という目的自体がなくてもいい、ということまでは認識できていない。そこまで認識できなければ、現実として、「お金を稼ぐ」という目的の追い過ぎはたいして減らないだろう。

理念を追え

ビジネスに目的がなくてもいいように、ビジネスを行う企業にも目的はなくてもいい。

しかし、「お金を稼ぐ」ではなく、「対価を伴う価値を生む」というビジネスの本質に寄り添うものであれば、目的は、あるべきだ。そうした目的は、稼ぐ力を真に強くする。

そして、本質に寄り添う目的となり得るものは、「対価を伴うどのような価値を生むか」、「対価を伴う価値をどのように生むか」、「対価を伴うどのような価値をどのように生むか」しかない。

これらをどう呼ぶかは自由だが、ここでは「理念」と呼んでおこう。企業は、目的を持つなら、理念という目的を持ち、それを掲げるべきなのだ。

「理念なら掲げている」と言う企業は多いだろうが、目的として掲げている企業は少ない。概して企業は、「お金を稼ぐ」という目的を追う一方で、理念を額縁に入れてどこかの壁に飾っておくだけである。

ソニーは、創業者の没後に本質から離れてしまった結果、よく知られるように長期の不振に陥った。しかし、数年前、今の経営者が設立趣意書にある理念に立ち返ることを宣言してからは、復活基調にある。

そのソニーの設立趣意書には、会社設立の目的の第一項として「真面目なる技術者の技能を、最高度に発揮せしむべき自由闊達にして愉快なる理想工場の建設」とある。

また、経営方針の第一項として「不当なる儲け主義を廃し、あくまで内容の充実、実質的な活動に重点を置き、いたずらに規模の大を追わず」とある。

これらは、ソニーの理念に当たるものだ。

素晴らし過ぎて、一切の説明は邪魔になるだけだろうから、やめておく。

第3章　「出る杭」は広く考える

みんなに見えている商品は狭い①

世の中は個別の商品の本質を分かっていない

商品とは、商品価値を生むものだから、商品の本質とは「商品価値を生む」という属性である。よって、個別の商品の本質は「○○という商品価値を生む」という属性だ。○○は、「ある個別の商品すべてが共通して生み、他の商品すべてが生まない商品価値」である。

平たく言えば、個別の商品の本質は「その商品ならではの商品価値」だ。

個別の商品が自動車、家、家電製品のようなモノでも、娯楽、教育、医療のようなコト（サービス）でも、個別の商品の本質、すなわち「その商品ならではの商品価値」を分かっていなければ、その個別の商品が何かが分かっていないことになる。

そして、実際に、世の中は、殆どの個別の商品の本質を分かっておらず、ゆえに、殆どの個別の商品が何かが分かっていない。世の中が分かっているのは、個別の商品「そのもの」ではなく、「らしきもの」でしかない。

これが、さらに個別の、□□という自動車や、△△という娯楽のレベルになると、なおさらだ。

このことは、ビジネスマンも同様である。たとえ、ある個別の商品を何十年と開発してきた者でも、生産してきた者でも、販売してきた者でもだ。

しかし、個別の商品の本質である商品価値が何であるかを見極めることは、それが顧客の頭の中にあるものだけに、難しい。

また、多くの場合、個別の商品の本質である商品価値には、個別の商品を構成する属性の中の「普遍的な特徴」が大きく影響する。要は、「その商品ならではの商品価値」には、「その商品ならではの構成要素」が大きく影響する。

よって、ここでは、個別の商品の構成要素である「普遍的な特徴」を本質と見なして、個別の商品の本質を考えてみたい（以降、「個別の商品」を基本的に「商品」と言う）。

本質に迫れないと商品と市場は狭くなる

ところが、世の中は、商品の構成要素である本質も分かっていない。

よって、世の中は、そうとは気づかぬまま、商品を「本質と偶有性の組み合わせ」か「偶有性（の組み合わせ）」で規定しているが、話を単純化するため、後者の場合は捨象しよう。

だから、世の中は、商品の範囲を狭く捉えている。分かりやすいラーメンを例に引く。

ラーメンの本質が「中華麺＋スープ」であるとする。それが分かっていれば、ラーメンを「中華麺＋スープ」で規定するから、ラーメンとは「中華麺＋スープ＋他の事物」だ。

対して、ラーメンの本質が分からずに、例えば、「中華麺＋スープ」という本質と「細麺」「醤油味」「チャーシュー」という偶有性の組み合わせである「細い中華麺＋醤油スープ＋チャーシュー」でラーメンを規定すると、ラーメンとは「細い中華麺＋醤油スープ＋チャーシュー＋他の事物」になる。

これは、商品の範囲として「中華麺＋スープ＋他の事物」より狭い。

そして、商品の範囲を狭く捉えると、商品の市場も狭くなる。「細い中華麺＋醤油スープ＋チャーシュー＋他の事物」の市場は、「中華麺＋スープ＋他の事物」の市場の一部でしかない。

本質起点で発想すれば常識破りの商品が生みだせる

しかも、企業は、その状態から、偶有性を変えた新商品を企画する。だから、既存の商品とたいして変わらぬ商品しか企画できない。

ラーメンを「細い中華麺＋醤油スープ＋チャーシュー」で規定した状態から、麺でスープとの絡み、スープで魚の風味、チャーシューで脂を重視した新商品を企画するとしよう。すると、例えば「ストレートの細い中華麺＋鶏ガラベースの醤油スープ＋肩ロースのチャーシュー」という既存の商品に代えて、「縮れた細い中華麺＋煮干しベースの醤油スープ＋豚バラのチャーシュー」という新商品を企画する。

対して、ラーメンの本質である「中華麺＋スープ」であることを起点として、麺でスープとの絡み、スープで魚の風味、具で脂を重視した商品を企画するとすれば、「太い中華麺＋煮干しベースの塩スープ＋豚の角煮」という新商品を企画できる。

これは、ラーメンとは「細い中華麺＋醤油スープ＋チャーシュー＋他の事物」であると考えている人にとっては、常識破りの商品である。

企業は、商品の本質を見極め、本質を起点として発想すれば、常識破りの商品を生み出せる。ウォークマンが常識破りのオーディオ機器となったのは、オーディオ機器の本質は、音を聴くための機能、すなわち再生機能であることを起点として、録音機能を削って、代わりに小型化するという発想をしたからなのだ。

なお、オーディオ（audio）の語源は、ラテン語の「audire」であり、意味は「聴く」である（世界大百科事典 第二版より）。

みんなに見えている商品は狭い②

上位種の商品は広い

前項では、本質を起点として、同種で別範囲の商品を生む発想を見た。この項では、本質を起点として、上位種で広範囲の商品を生む発想を見よう。

既存の商品の本質を見極めることができると、今度は、その本質を偶有性とする商品の本質を考えることができる。これは、既存の商品をその一下位種とする上位種の商品を発想するということだ。

そして、上位種の商品の範囲は、既存の商品の範囲よりも広い。

だから、もしも上位種の商品がまだ存在しないものであれば、それを具現化することにより、より広い市場の商品を生み出すことができる。

iPhoneは上位種の商品だった

世の中には見えていないようだが、実は、iPhoneは、既存の商品の上位種の商品を発想することで生み出されたものと言える。

既述のように、ジョブズは初代ｉＰｈｏｎｅを「音楽プレーヤーでもあり、携帯電話でもあり、インターネット通信機でもある」と紹介した。これは、ｉＰｈｏｎｅが既存の商品である音楽プレーヤー、携帯電話、インターネット通信機の上位種の商品であることの宣言である。

単純に考えて、音楽プレーヤーの本質は「（音ではなく）音楽の再生機能」、携帯電話の本質は「通話機能」、インターネット通信機の本質は「インターネット通信機能」だ。

これらを偶有性とする商品の本質を考えてみると、例えば「データ処理機能」に辿り着く。音楽プレーヤー、携帯電話、インターネット通信機の本質は、「データ処理機能」にそれぞれ「音楽」、「通話」、「インターネット」という偶有性を付加したものと考えられるからだ。

おそらく、ジョブズは、これに「ポケットに入る」という属性を付加して、ｉＰｈｏｎｅの本質を「ポケットに入る＋データ処理機能」と考えた。

こうなるともう、ｉＰｈｏｎｅは、ポケットに入るデータ処理機器である限り、どのようなものであっても構わない。ｉＰｈｏｎｅには、あらゆるデータ処理機能の偶有性を付加することができる。

かくして、iPhoneは、音楽プレーヤー、携帯電話、インターネット通信機であるだけでなく、動画プレーヤー、ゲーム機、楽器、ナビ、本など、極端に言えば何にでもなれて、顧客が自由にカスタマイズできる普遍的なデバイス商品となった。

ちなみに、iPhoneを含む「スマートフォン」の「フォン」は、携帯電話を意味する英語「セルラーフォン（cellular phone）」の「フォン」だろう。「スマートフォン」は、携帯電話という偶有性に引っ張られた呼称である。

今後、もしも通話機能がない「スマートフォン」が出てきた場合、それも「スマートフォン」と呼ばれるのだろうか。

捨てれば増やせる偶有性

本質を求める、すなわち偶有性を捨てるという普遍的な方向の発想を既存の商品で行い、さらにその上位種の商品で行うと、結局、既存の商品に付加できる偶有性よりもはるかに多くの偶有性を付加することができて、常識破りの商品を生み出せる。

偶有性は、捨てれば捨てるほど、実は増やせるものなのである。

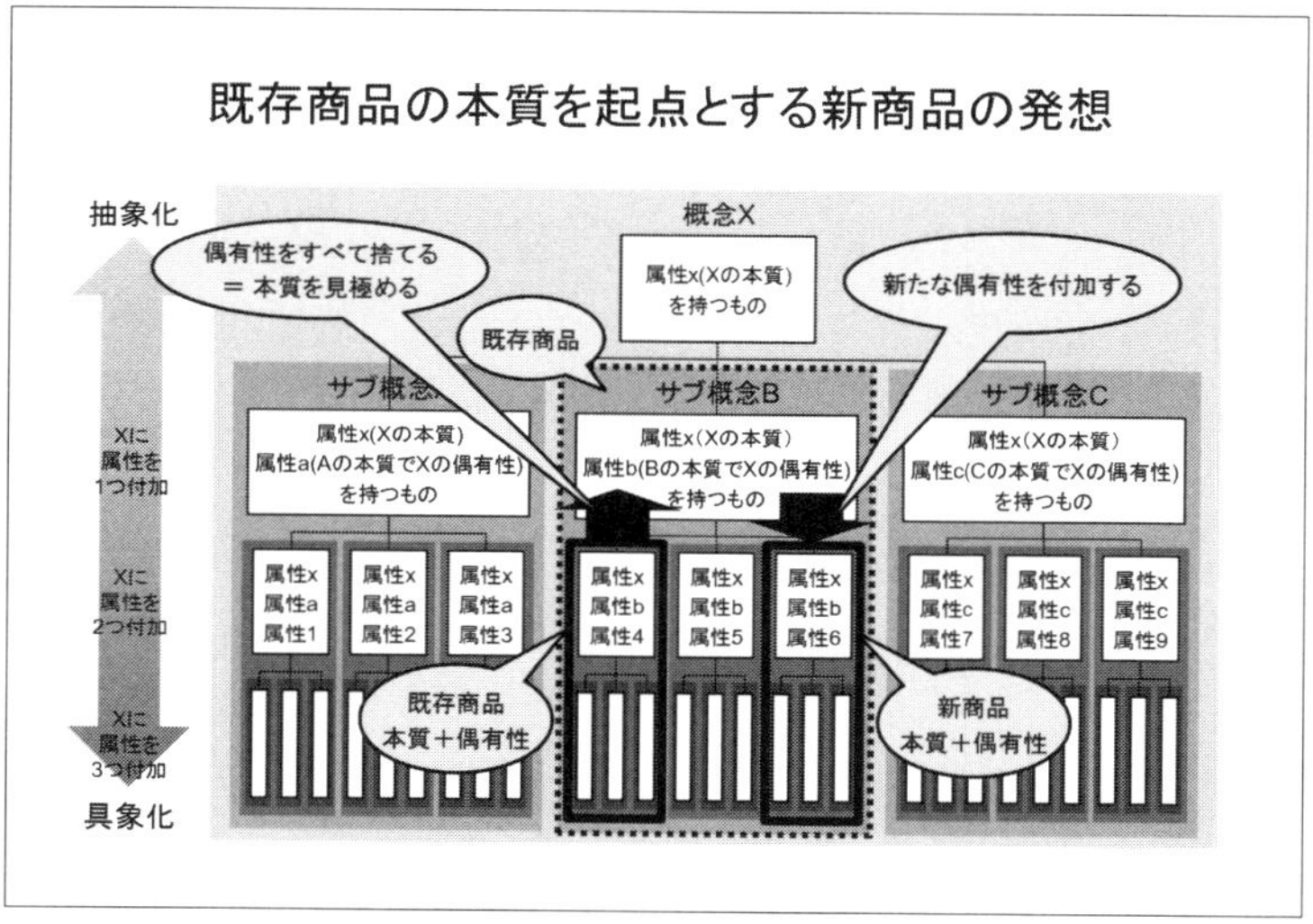
既存商品の本質を起点とする新商品の発想
抽象化
具象化
Xに属性を1つ付加
Xに属性を2つ付加
Xに属性を3つ付加
概念X
属性x(Xの本質)を持つもの
偶有性をすべて捨てる＝本質を見極める
既存商品
新たな偶有性を付加する
サブ概念A
属性x(Xの本質)
属性a(Aの本質でXの偶有性)
を持つもの
サブ概念B
属性x(Xの本質)
属性b(Bの本質でXの偶有性)
を持つもの
サブ概念C
属性x(Xの本質)
属性c(Cの本質でXの偶有性)
を持つもの
属性x 属性a 属性1
属性x 属性a 属性2
属性x 属性a 属性3
属性x 属性b 属性4
属性x 属性b 属性5
属性x 属性b 属性6
属性x 属性c 属性7
属性x 属性c 属性8
属性x 属性c 属性9
既存商品 本質＋偶有性
新商品 本質＋偶有性

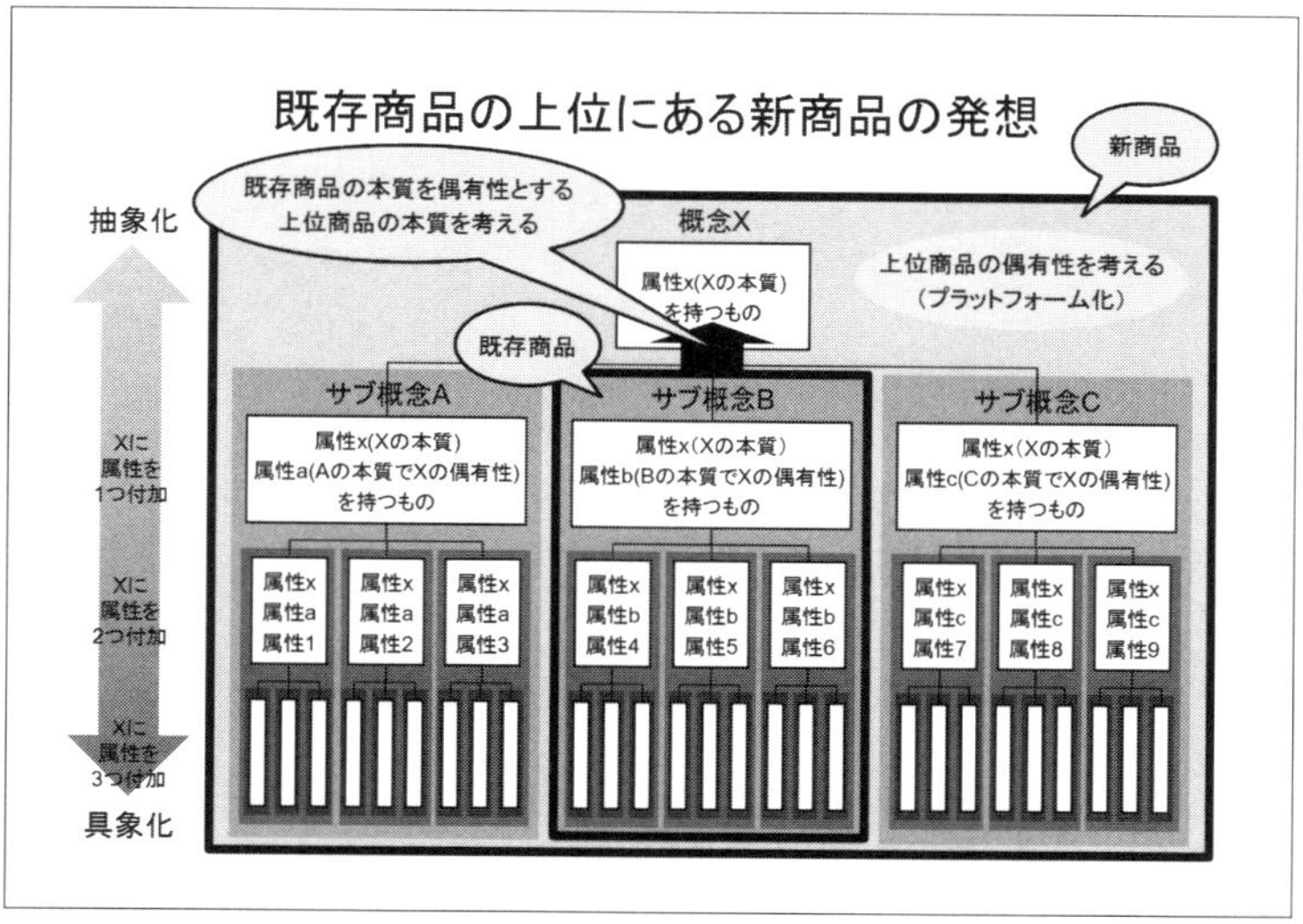
既存商品の上位にある新商品の発想
新商品
既存商品の本質を偶有性とする上位商品の本質を考える
抽象化
具象化
Xに属性を1つ付加
Xに属性を2つ付加
Xに属性を3つ付加
概念X
属性x(Xの本質)を持つもの
上位商品の偶有性を考える(プラットフォーム化)
既存商品
サブ概念A
属性x(Xの本質)
属性a(Aの本質でXの偶有性)
を持つもの
サブ概念B
属性x(Xの本質)
属性b(Bの本質でXの偶有性)
を持つもの
サブ概念C
属性x(Xの本質)
属性c(Cの本質でXの偶有性)
を持つもの
属性x 属性a 属性1
属性x 属性a 属性2
属性x 属性a 属性3
属性x 属性b 属性4
属性x 属性b 属性5
属性x 属性b 属性6
属性x 属性c 属性7
属性x 属性c 属性8
属性x 属性c 属性9

日本企業は商品をますます狭くする

アップルの商品数は、本当に少ない

企業は、商品を本質と偶有性の組み合わせで規定して、商品を狭く捉えているから、商品の市場も狭い。だから、広い市場をカバーしようとすると、商品を本質だけで規定している場合に比べて、商品数は多くなる。

また、しばしば企業は、本質と偶有性の組み合わせで規定している狭い商品の偶有性を「変える」のではなく、ただでさえ狭い商品に、新機能など、さらなる偶有性を「付加する」という個別的な方向の発想でさらに狭い新商品を生む。だから、さらに商品数は多くなる。

しかも、である。

日本企業は、商品のカスタマイズをやたらにしてしまう。カスタマイズとは、商品に、個別の顧客や市場に合わせた偶有性を付加することだ。だから、特に日本企業では商品数が多くなる。

2018年度におけるアップルの売上高は2656億ドル、すなわち約29兆円（1ドル110円換算）であり、ソニーの売上高は約9兆円だ。

一方、アップルの商品数は数十であり、ソニーの商品数は数千である。

ざっくり言って、ソニーは、アップルと比べて売上が１／３なのに、商品数が百倍なのだ。

名前は伏せるが、ソニーと同規模の売上を持つ日本のあるメーカーの商品数は、数万である。

なんと、アップルの千倍だ。その差は甚大としか言いようがない。


利益を圧迫する「商品数過多症候群」は、顧客の言いなりになるＢｔｏＢビジネスを行う日本企業では、極めて深刻だ。日本の電機業界で幾つもの名門企業が立ちいかなくなった主な原因の一つは、これである。

カスタマイズは顧客にお任せだ

言うまでもなく、顧客のことを最も知る者は、顧客である。

カスタマイズは、ｉＰｈｏｎｅへのアプリの導入のように、顧客自身にやってもらうのが一番だ。

顧客が自由自在にカスタマイズできるプラットフォーム商品という、普遍的な商品が一番なのだ。

しかし、普遍的な商品は、商品の本質に迫れなければ生み出せない。

最近は、アップルなどにならって、日本企業もプラットフォーム商品を目指すようになった。

ならば、まずしなければならないことは、商品の本質に迫れるようになることである。

ブランドは一つでいい

ブランドが多過ぎる

商品は、商品価値を生む。しかし、商品だけが商品価値を生むわけではない。商品価値は、商品についての顧客の頭の中で記憶が生むものである。そうである以上、商品についての顧客の記憶を生むものすべてが商品価値を生む。

商品についての顧客の記憶を生む商品以外のものの一つは、ブランドだ。

ブランドとは、辞書によれば「自己の商品を他の商品と区別するために、自己の商品に使用する名称や標章、銘柄、商標」（三省堂 大辞林 第三版）である。

要するに、ブランドとは、商品を表すもの全部であるが、実際には、企業や事業を表すもの全部もブランドと呼ばれている。それらも商品についての顧客の記憶を生むからだろう。

そして、企業は、商品価値が商品にあると考えつつも、他方で、ブランドを重んじる。ブランドが商品価値を上下することを経験的に学んできた成果と思われる。

しかし、企業は、商品価値の本質が分かっているわけではない。だから、ブランドを安易に増やす。

商品を価格帯で分けて、それぞれにブランドを付与したり、子会社の同じカテゴリーの商品に別ブランドを付与したりする。同じ商品に市場の地域毎の異なるブランドを付与することもある。特に、商品数が多い日本企業では、その傾向が顕著である。

ブランドは「アップル」だけになる？

しかし、商品についての記憶が顧客の記憶の中で占める割合を増やせば増やすほど、大きな商品価値を生むことができる。そして、ブランドは、商品についての記憶を括るキーとなるものだ。ならば、常識破りであっても、ブランドの数は、一つであるのが最善である。それが無理でも、ブランドは少ないほうがいい。

例を見よう。

アメリカ・インターブランド社が発表する「世界企業ブランドランキング２０１８」では、アップルが６年連続１位、グーグルが６年連続２位、アマゾンが３位である。一方、残念ながら、ソニーは59位だ。

メーカー同士、アップルとソニー本体の消費者向けブランドを比較してみよう。

公式サイトによると、アップルの商品ブランドには、「ｉＰｈｏｎｅ」「Ｍａｃ」など６つのメインブランドがある。

その内、「ｉＰｈｏｎｅ」の下位には、商品毎の商品名である「ｉＰｈｏｎｅ Ｘ」のような４つのサブブランドがある。

他のメインブランドにも、それぞれ10未満のサブブランドがあり、全部で数十のブランドがある。

しかし、サブブランドは、「メインブランド＋〇」のように、メインブランドで括られている。よって、商品についての顧客の記憶がメインブランドで括られる。つまり、ブランド数は実質６と見ることができる。

対して、ソニー本体の公式サイトによると、30ほどの商品カテゴリーがあり、メインブランドである「ブラビア」「ウォークマン」などが付与されている商品カテゴリーもあれば、メインブランドが付与されていない商品カテゴリーもある。

その内、「ブラビア」の下位には、シリーズ名を挟んで、商品毎の商品名、いわゆる型名である「ＫＪ—７７Ａ９Ｇ」のような40のサブブランドがある（ここでは、話を単純化するために、シリーズ名をサブブランドとは考えない）。

他の商品カテゴリーにも多くのサブブランドがあり、全部で約８００のブランドがある。

そして、サブブランドは、メインブランドとは異なる表現体系のものだ。よって、商品についての顧客の記憶がメインブランドで括られづらい。つまり、実質的にブランド数は約８００である。

実は、初代ウォークマンも、コアなファンからは、型名である「ＴＰＳ―Ｌ２」と呼ばれることが多かった。本来、「ＷＡＬＫＭＡＮ Ｘ」のようなブランドにしておくべきだったのだ。これでは、他の人が聞いてもウォークマンと分からない。

そうソニーも思ってのことかどうか定かではないが、その後のウォークマンは、「ＷＡＬＫＭＡＮ」の略である「ＷＭ」を冠した「ＷＭ―〇〇」という型名になっている。

近年のアップルは、世界中のアップルストアの名前から「ストア」を削って、例えばアップル銀座のような、ただの「アップル〇〇」にするなど、できるだけ「アップル」以外のものを使わない方向に進んでいる。

そこには、商品についての顧客の記憶のすべてを「アップル」だけで括ろうという意図が見える。本質的に正しい方向だ。

従業員も商品である

企業は従業員をアピールしない

商品についての顧客の記憶を生む商品以外のものは、ブランドだけではない。商品に関連するものは、何でもそうなのだ。

従業員とその活動も、そうである。

商品は、従業員がその活動を通して生むものだ。従業員とその活動の、商品との関連性は極めて深い。従業員とその活動を顧客にアピールすれば、顧客の頭の中の商品についての記憶は増える。

しかし、企業は、従業員とその活動をほとんど顧客にアピールしない。最近は、テレビCMなどでそうするケースも見受けられるようになってきたが、まだまだレアである。

工場見学を歓迎する企業が増えているが、概して商品がどのような仕組みで生産されているかを見せることが重んじられており、その仕組みをつくった従業員とその活動は紹介されていない。

そこには、近年のマーケティングで注目されるようになった人間物語、「ストーリー」がないから、たいして記憶に残らない。

従業員による講演会

そこで、私が提案するのが、従業員が講師を務める講演会の常設だ。

ビジネスマンとして、自分の商品価値をどのように顧客に提供しているか、すなわち、どのような社会貢献をしているかを従業員自らが世の中にアピールする場をつくるのだ。

講演会の聴衆は、商品の裏に息づく「ストーリー」を感じて記憶することになる。

従業員による講演会を常設している企業の例は、見当たらない。そこで、ある企業のイノベーション推進メンバーを招いて私が開催した、企業向けの講演会の事例を紹介しておきたい。

その講演会は、この半年で既に4回を数えるから、その企業の主催ではないものの、常設に相当する。これまでに10人を超えるメンバーに講演者として登壇いただいた。

いざ開催してみたら、聴衆の反応は、予想をはるかに上回るものとなった。社内向けの講演会にメンバーを講師として招きたいとのリクエストが相次いだのだ。

商品でもなく、ブランドでもなく、それらを生むビジネスマン自らが語る「ストーリー」は、強く記憶される。

そもそも、根源的な商品はビジネスマンであるからなのだろう。

ＣＳＲも果たされる

実は、このアイデア、一粒で何度もおいしい。

講演で世の中へ何かを発信をする以上、従業員は、自分が世の中にどう貢献すべき存在かを見つめ直すことになる。その結果、より高い商品価値を生めるようになるし、モチベーションも上がる。自部門の部分最適よりも、会社や社会の全体最適を考えるようにもなる。

そして、そういうメンバーが増えれば、職場の空気も社内外にオープンなものになる。社会に対して感度の良い組織にもなる。社会的不祥事も抑止されるだろう。

つまり、近年、重んじられるようになったＣＳＲ（Corporate Social Responsibility：企業の社会的責任）が高度に果たされることになる。

今、企業は軒並みＣＳＲ活動に取り組んでいる。しかし、その多くは、環境保全、人道支援、文化振興などの、本業以外の事柄での社会貢献だ。

それらも良いが、本業であるビジネスでの社会貢献レベルを高めることこそが、本来、ＣＳＲ活動で目指すべきものである。

ビジネスでたいして社会貢献できない企業がビジネス以外のことで社会貢献したところで、優良な市民にはなれても、優良な企業市民にはなれないのだから。

顧客も商品である

顧客の記憶も商品だ

商品についての顧客の記憶を生む商品以外のものには、商品についての顧客の記憶もある。

商品についての顧客の記憶は、他の顧客に伝達されることによって、新たな商品についての顧客の記憶を生む。


顧客間で商品についての顧客の記憶が伝達される現象がクチコミだ。

企業は、クチコミが商品価値を上下することを経験的に学んでいるから、クチコミされる内容の把握に努めてきた。クチコミ調査の手法も、インターネットの普及、ＳＮＳの拡大と共に進化させてきた。


しかし、クチコミの促進は、これまで難しかった。近年では、顧客コミュニティをつくってコミュニティ内のクチコミの促進は図られてきたが、範囲が限定的となる。

当然、サクラを使ったクチコミ促進は許されない。

カスタマーレビューという顧客の記憶

そこに隕石を投じたのが、アマゾンである。

アマゾンは、ショッピングサイトに、カスタマーレビューという商品についての顧客の記憶を伝達し合う、クチコミの巨大「プラットフォーム」を構築した。

もちろん、カスタマーレビューは、アマゾンが生んだ商品についての顧客の記憶ではない。アマゾンが扱っている商品についての顧客の記憶である。

それでも、カスタマーレビューは、我々がよく日常会話で口にする「アマゾンでこういうカスタマーレビューを受けていた商品」といった、「アマゾン」ブランドが関連づく記憶を生む。

カスタマーレビューは、「アマゾン」が関連づく記憶を増やし、その分、顧客が「アマゾン」を思う時間を増やし、「アマゾン」が顧客の頭の中に生む商品価値を増大させる。

ネガティブなカスタマーレビューを公開すれば、商品の販売量を落とすリスクがある。悪意のあるものや不正なものをフィルタリングするためのコストもかかる。ポジティブなカスタマーレビューだけを公開するわけにもいかない。だから、カスタマーレビューは公開しない。

それがアマゾン以前の常識だったが、今は違う。カスタマーレビューの公開は、ネット通販の常識となっている。

アマゾンも気づいていない？

おそらくアマゾンがカスタマーレビューの公開に踏み切ったのは、商品についての顧客の記憶を増やすためではない。単純に、他人の評価が気になる顧客にとってのサイトの利便性を高めるためだった。それは、カスタマーレビューについてのベゾスの多くの発言からもうかがえる。

カスタマーレビューの公開が、サイトの利便性アップとは別の成果として、記憶を増やすというメカニズムで商品価値を増大させたことに、アマゾン自身は気づいていないのだ。

企業は、「モノからコトへ」、さらには「カスタマーエクスペリエンス重視」と、徐々に視点を顧客の頭の中に近づけてきてはいるが、まだ顧客の頭の中に入れ込むには至っていない。まだ「カスタマーメモリー重視」になれていない。

しかし、「カスタマーメモリー重視」になれれば凄まじい成果が出ることを示す事例は、当事者が気づいていてもいなくても、既にある。

企業は、「カスタマーメモリー重視」に突き進んでいい。

記憶のプラットフォーム

単なる情報のプラットフォームじゃない

世の中で、アマゾンを始めとするショッピングサイトは、「商品情報」のプラットフォームと呼ばれており、確かにそうである。

しかし、カスタマーレビューの部分は、「商品についての顧客の記憶」のプラットフォームと見る方が本質的だ。

また、フェイスブックを始めとするＳＮＳは、「情報」のプラットフォームと呼ばれており、これも確かにそうである。

しかし、ＳＮＳも、「顧客の生活の記憶」のプラットフォームと見る方が本質的だ。そこにある情報は、広告を除けば、すべて「顧客の生活の記憶」である。

そして、顧客は、ＳＮＳ上で何らかの生活の記憶をやりとりする度に、「フェイスブックで○○さんとやりとりしたこと」といった、ＳＮＳのブランドが関連づく記憶を頭の中に生む。それも自主的な行為として、である。

ＳＮＳでは、顧客が自主的に、ＳＮＳのブランドが関連づく自分と他者の生活の記憶を増やし、ＳＮＳを思う時間を増やしていく。そのことで、ＳＮＳが自身の頭の中に生む商品価値を増やしていく。しかも、生活の記憶は、数が多い。

だから、ＳＮＳは、急拡大を遂げやすい。

既述したように、２００４年に登場したフェイスブックの世界ユーザー数は、15年間で23億人を超え、まだまだ伸び盛りである。

ウォークマン（カセット式）の累計販売台数が31年間で約２億台（日経新聞より）であり、ｉＰｈｏｎｅの累計販売台数が10年間で約12億台であるから、その凄さが分かる。

教会は記憶の巨大プラットフォーム

では、「顧客の生活の記憶」を生む世界最大のプラットフォームは、何だろう。

宗教もビジネスと見て考えると、おそらく、「顧客の生活の記憶」を生む世界最大のプラットフォームは、キリスト教の教会網である。

一説によれば、キリスト教の信者数は24億人（『宗教年鑑』平成26年版より）だ。キリスト教は、世界最大の宗教であり、キリスト教徒の集団は、世界最大の人の集団でもある。

キリスト教会網は、信者のあらゆる生活の記憶を神と関連づけて生む場である。

しかも、そこで生まれる記憶は、教会の美しい絵画や音楽で彩られた美しいものとなる。そこでは、信者同士のコミュニケーションという記憶の交換も行われる。信者による社会奉仕活動も記憶を生む。

さらに、教会網は、墓というものを通じて、信者の記憶を祖先とも関連づけて生む。そして、その記憶が代々継承される。

こうした「顧客の生活の記憶」を生む多くの仕掛けは、他の主要な宗教にも備わるものだ。「カスタマーメモリー重視」の姿勢について、宗教から学べることは多い。

また、宗教は、「顧客の生活の記憶」を生むプラットフォームが必ずしもインターネットがなくても構築できるものであることも、我々に教えてくれている。

ちなみに、フェイスブックの場合、亡くなったユーザーのアカウントは「追悼アカウント」として残されるようだ。実名のSNSならではのことであり、そこには宗教に迫るものがある。

フェイスブックの顧客数がキリスト教の信者数を超える日が、もうすぐそこまで来ているのかもしれない。

記憶のマジック

データの世紀

１９９０年代、インターネットの普及に伴い、世界は「情報化社会（または情報社会）」になったと言われている。

「情報化社会」とは、「情報の生産、収集、伝達、処理を中心に発展し、物に代わって情報が付加価値を生む産業の比率が増す社会」（精選版 日本国語大辞典より）である。

そして今、21世紀は「データの世紀」であると言われ始めている。

「データの世紀」という言葉は、まだ辞書・辞典に収録されていないので、「情報化社会」にならって考えれば、「データの生産、収集、伝達、処理を中心に発展し、物に代わってデータが付加価値を生む産業の比率が増す社会となった世紀」となる。

そこで言う付加価値とは商品価値のことだろうから、要は「モノに代わってデータが商品価値を生む社会となった世紀」である。

その中で、ＧＡＦＡは、「データの世紀」を象徴する存在とみなされている。事実、彼らは、膨大なデータが集まる場をつくり、そこに集まるデータを活用することで圧倒的に強いビジネスを展開している。

現代のデータの多くは、コンピュータ処理できるデジタル・データだから、ＧＡＦＡは「デジタル・プラットフォーマー」とも呼ばれている。

データとは何か

データは、事物を表すものか、それを加工したものであり、保存される。

つまり、データとは「記録」なのだ。

データは、人間の頭の中の記録媒体（脳）や、コンピュータの中にある記録媒体、本や雑誌などのその他記録媒体にあり、その内、人間の頭やコンピュータの中のデータは「記憶」と呼ばれる。

だから、世の中では、商品価値が商品にあると考えられているように、データは、それが表す事物にあると考えられているが、その考えは誤りである。

例えば、ローマ帝国が滅んでも、ローマ帝国についてのデータがなくならないのは、それがローマ帝国にあるのではなく、人間の頭やコンピュータの中、本や雑誌にあるからだ。

情報とは何か

人間の頭の中のデータ、すなわち記憶には、特別なものがある。「価値を生む記憶」である。コンピュータの中、本や雑誌のデータは、そのままでは価値を生まない。人間の頭の中にそれらのコピーをつくってはじめて価値を生む。

そして、世の中は、人間の頭の中の「価値を生む記憶」を「情報」と呼ぶ。

つまり、情報とは「価値を生む記憶」である。

ただし、人間の頭の中の記憶には、価値を生まないものもある。だから、人間の頭の中には、「価値を生む記憶」である情報と、「価値を生まない記憶」であるデータがある。

データと情報を重んじることとは、記憶を重んじることでもある。そして、記憶を重んじることは、記憶が生む価値を重んじることに繋がる。

つまり、データと情報を重んじることとは、価値の本質に近づくことなのだ。「情報化社会」と「データの世紀」の潮流も、世の中が価値の本質に近づいていることの証左なのである。

そして、本質に迫れる企業であるＧＡＦＡは、その先頭にいる。彼らが「データの世紀」を象徴する存在になっているのは、偶然ではない。

顧客の古い記憶は、実は宝の山

そのＧＡＦＡも、本質に迫り切ってはいないがゆえに、気づいていないだろうことがある。

優秀なコンサルタントは、自らが作成した報告書を見て「こんなの、ただのデータだよ」と言うクライアントにたった一つの視点を与えるだけで、「なるほど、確かに情報だね」と思い直させることができる。

このように、企業は、顧客の頭の中の商品についての価値を生まない記憶であるデータを、一瞬にして価値を生む記憶である情報に変えることができる。

商品についての顧客の記憶には、かつては情報であったものを含めて、古いデータがある。だから、商品自体は何も変えなくても、新商品を出さなくても、それを少しいじってあげるだけで、顧客の頭の中に商品価値を生める。古いデータが多ければ多いほど、その効果は上がる。

商品についての顧客の古い記憶は、実は、宝の山なのである。

ところが、世の中では、データは、それが表す事物にあると考えられている。それでは、顧客の頭の中の古いデータを一瞬で情報に変えてしまおうなどという発想は、出てこない。だから、それをやっている企業は、ＧＡＦＡも含めて、おそらくまだない。

準ダイレクトモデル

部品は商品価値を生まない

ＢｔｏＢビジネスに限定した、本質に迫るビジネスを展開するためのポイントについても幾つか触れておく。

例えば、製品に組み込まれる部品のビジネスを考えてみよう。

人は、知らないものに価値を感じない。また、概して消費者は、部品を知らない。よって、真の顧客である消費者は、部品に商品価値を感じない。

そして、消費者が部品に商品価値を感じないということは、部品としての商品価値はどこにも生まれていないということだ。

それでは、部品の商品価値を高めようがない。どこにもないものは高めようがない。

だから、部品メーカーは、製品の中で部品が発揮する機能アップに注力することになるのだろう。

しかし、どんなに機能アップをしても、消費者が知らない部品の商品価値を高めることはできない。たとえそれが製品の商品価値を高めることに繋がるとしても、である。

本来、製品メーカーは、例えばインテルのＣＰＵのような、消費者が高い商品価値を感じる部品を使いたいのだ。そのほうが製品の商品価値を高められるからである。

また、製品メーカーは気づいていないかもしれないが、消費者が知っている部品を使うと、製品メーカーは、消費者の頭の中の商品（製品）についての記憶を増やすことができる。

部品メーカーは、部品という商品を消費者に知ってもらい、消費者が知っているということを製品メーカーに知ってもらうよう、努めるべきである。

部品の従量課金という非常識

部品によっては、消費者への従量課金モデルに移行するのも良いアイデアだ。

これは、製品メーカーには部品を売らずに、製品への搭載をしてもらい、製品のユーザーである消費者に従量課金するというビジネスモデルである。

そうすれば、部品という商品を消費者に知ってもらわざるを得なくなる。そして、商品価値を高めることができるようになる。

消費者への部品の従量課金モデルは、既に消費者に知ってもらえている一部の部品では、必須と言ってもいい。例えば、自動車に搭載するカーナビやタイヤがそうである。

近年、叫ばれだしたＭａａｓ（Mobility as a Service：サービスとしての移動）の流れの中で、自動車という製品のビジネスは、どんどんサービス化していく。自動車を売るということ自体が減っていくだろうから、これは、それを見越した先進ビジネスモデルとなるだろう。

製品を売らないという非常識

消費者への部品の従量課金モデルは、製品という場を借りて、部品メーカーが消費者と直接的に商品価値と対価の交換をするモデルである。

その意味で、消費者への部品の従量課金モデルは、部品の「準ダイレクトモデル」と言える。

同様に、お店という場を借りて、製品メーカーが消費者と直接的に商品価値と対価の交換をする、製品の「準ダイレクトモデル」も考えられる。

これは、お店には商品を売らずに、陳列をしてもらい、消費者がお店で商品を買う時点ではじめて、製品メーカーがお店に売って、お店が消費者に売るというビジネスモデルである。お店が商品を仕入れなくても済むモデルであるから、お店に歓迎されること必定だ。

もちろん、お店には最後まで商品を売らずに、消費者に従量課金するモデルもアリである。

本質的に、あらゆる企業にとって、真の顧客は、消費者である。だから、あらゆる企業は、あらゆる手段を講じて、消費者とダイレクトに繋がって、消費者の頭の中をよく見て、商品価値を高めるべきなのだ。

「準ダイレクトモデル」は、この本質ベースの発想に準じる、ＢｔｏＢ企業向けのアイデアなのである。

実は、20年ほど前、私の提案を契機にして、「消費者がお店で買う」＝「製品メーカーがお店に売る」＋「お店が消費者に売る」という「準ダイレクトモデル」を、ある家電メーカーが家電量販店を相手に実施したことがある。

お店側も歓迎し、良い陳列スペースを確保してくれて、メーカー側も自社在庫を減らすべく、お店に依存しないで販売活動に注力した。

その結果、その商品は日本中を席巻する大ヒットとなった。

「夢じゃ食えない」VS「夢じゃなきゃ食えない」

ソニーの夢

商品についての顧客の記憶を生んだり、増やしたりすることも大事だが、減らさないことも大事である。

そこで、本章の最後に、商品について顧客の記憶を減らさないために何をすべきかについて考えたい。

商品についての顧客の記憶が減るということは、顧客が商品についての記憶を忘れてしまうということである。ならば、商品についての顧客の記憶を減らさないためには、商品についての顧客の記憶を忘れがたいものにすればいい。

そして、顧客が忘れがたい商品についての記憶とは、忘れがたいほど高い商品価値を生むものであり、そうした記憶を生むために最大級に役立つのは、夢である。

ソニーの夢として最もよく知られるのは「人のやらないことをやる」だろう。

これは、創業者である井深氏の口癖である。井深氏の没後、既に20年以上が経過したが、語り継がれていまだに世界中の人々の記憶に燦然として残る。

それがどれほどソニーの商品についての顧客の記憶を忘れがたいものにしてきたことか。また、そのままどれだけ多くの人の夢になってきたことか。

かく言う私も井深氏から引き継いだ「人のやらないことをやる」という夢を持つ。

ソニーの夢の威力を如実に物語る事例がある。

1995年、ソニーの新社長に就任した出井伸之氏が打ち出した「デジタル・ドリーム・キッズ」という、まさに「人のやらないことをやる」企業にふさわしい夢色のビジョンは、世界を沸騰させた。

当時落ち込んでいた業績は、特筆すべき新たなヒット商品もないまま急激に回復し、出井氏は、1996年に米国ニューズウイーク誌によってベスト経営者と評された。株価も2000年には5倍にまで跳ね上った。

しかし、出井氏が任期途中から投資家モードとなり、夢を語らず数字で経営するようになってから、ソニーの業績は長期的な低迷期に入り、出井氏は、2003年に同じニューズウイーク誌によってワースト経営者と評されることになった。

世界の夢

企業が使うべき夢は、自らの夢だけではない。世の中の夢も、である。世の中の夢を具現化した商品は、ヒットする。

何にでもなれるデバイスであるアップルのｉＰｈｏｎｅ、何でも教えてくれるグーグルの検索サイト、何でも買えるアマゾンのショッピングサイト、何でも世界に発信できるフェイスブックのコミュニティサイトは、どれもひと昔前なら夢でしかなかった商品である。

「夢は大事だ」と言う人は多いが、本音でそれを言う人は、まれである。本音は「夢じゃ食えない」であり、それが世の中の常識だ。

しかし、現に、我々の身の回りには、昔なら夢でしかなかった商品が溢れている。

それは、夢のような商品をつくらない企業は生き残れないことの確たる証である。今では伝統的な商品も、それが現れる前の時代なら夢でしかなかった商品だ。

この世を広く見れば、「夢じゃ食えない」は誤りなのだ。「夢じゃなきゃ食えない」が正しいのである。

第４章　「出る杭」は正しく考える

正しさを正しく知る

人は、生涯にわたって、常に何かを「良い」「悪い」「正しい」「誤っている」と思って生きるが、それらが何かが分かっていない。

「良さ」とは何か

では、「良さ」「悪さ」とは何か。

人は、事物についての認識がプラスの感情を引き起こすとき、すなわち、プラスの価値を生むとき、その事物は「良い」と言う。その事物には「良さ」があるということだ。対して、事物についての認識がマイナスの感情を引き起こすとき、すなわち、マイナスの価値を生むとき、その事物は「悪い」と言う。その事物には「悪さ」があるということだ。ならば、「良さ」とは「プラスの価値」であり、「悪さ」とは「マイナスの価値」である。

ただし、一般的にはプラスの価値のみを価値と呼ぶことに従えば、「良さ」とは価値である。また、マイナスの価値を例えば「害」と呼ぶから、「悪さ」とは害である。

「正しさ」とは何か

次に、「正しさ」「誤り」とは何なのか。

人は、認識がその対象である事物に当てはまる、すなわち事実（真実）であるとき、その認識は「正しい」と言う。その認識には「正しさ」があるということだ。

対して、認識がその対象である事物に当てはまらない、すなわち事実（真実）でないとき、その認識は「誤っている」と言う。その認識には「誤り」があるということだ。

このときの「正しさ」は「真」であり、「誤り」は「偽」である。

また、人は、人の考えや言動についての認識が価値を生むとき、その考えや言動は「正しい」と言う。その考えや言動には「正しさ」があるということだ。

対して、人の考えや言動についての認識が害を生むとき、その考えや言動は「誤っている」と言う。その考えや言動には「誤り」があるということだ。

このときの「正しさ」は価値であり、「誤り」は害である。

特に、しばしば、人は、集団に共通する考えや言動を「正しい」と言う。集団に共通する考えや言動は、それに賛同することによってその集団に属しやすくなるなどの価値を生むからである。

さらに、人は、権威者の考えや言動を「正しい」と言う。権威者の考えや言動は、それに賛同することによって引き立てられるなどの価値を生むからだ。

そして、言動は、考えの発露であり、考えは、認識である。

したがって、「正しさ」とは『「真」か「価値」』であり、「誤り」とは『「偽」か「害」』である。

どちらも認識の属性である。

正誤の逆転

「正しさ」には、「真」だけでなく「価値」もある。「誤り」には、「偽」だけでなく「害」もある。世の中の多くの人は、このことに明確には気づけていない。

そのため、かつて天動説に対する地動説がそうであったように、しばしば、「真」である「正しさ」がある認識は、それに「害」である「誤り」があると見る人にとっては、「偽」である「誤り」があるものになる。

また、裸の王様の寓話に見られるように、「偽」である「誤り」がある認識は、それに「価値」である「正しさ」があると見る人にとっては、「真」である「正しさ」があるものになる。

つまり、誰かにとっての「価値」の有無によって、「正しさ（真）」が「誤り（偽）」になり、「誤り（偽）」が「正しさ（真）」になる。

「もう、そんな時代じゃないだろう」との声が聞こえてきそうである。

しかし、「真」である「正しさ」が尊重されるはずの今の時代でも、しばしば、企業という集団にとっての「価値」の有無によって、「正しさ（真）」が「誤り（偽）」になり、「誤り（偽）」が「正しさ（真）」になる。それが原因で起きる不祥事は、絶えることがない。

それに、考えてみれば、人類は今でも、本質という、普遍的に事物に当てはまるという意味で正しい（真である）ものからはるか遠くにいる。しかも、そのことに気づきさえもしない。まだまだそんなレベルの世の中であるから、「正誤（真偽）の逆転」は、あってもまったく不思議ではない。むしろ「さもありなん」な現象なのだ。

人類は、本質に迫らなければならない。

なお、「正しさ」「誤り」には、論理の「正しさ（真）」「誤り（偽）」もあり、それらについては、次項で詳しく述べる。

論理的でも正しいとは限らない

論理とは何か

論理とは何なのか。

辞書には「①思考の形式・法則。議論や思考を進める道筋・論法　②認識対象の間に存在する脈絡・構造」（大辞林 第三版）とある。

これでは、どのような思考の形式・法則なのか、どのような議論や思考を進める道筋・論法なのか、どのような認識対象の間に存在する脈絡・構造なのかが分からない。

論理は、認識間の道筋、すなわち関係である。

また、すべての論理には「ルールに基づく前提と結論」という属性があり、これがあるものは論理以外にない。

ゆえに、論理の普遍的な特徴は、「ルールに基づく前提と結論」だ。

よって、論理とは「ルールに基づく前提と結論の関係」である。

そして、論理は、そこにルールに対する矛盾がない、すなわち「成立する」とき、正しい。その論理には「正しさ」がある。

また、論理は、そこにルールに対する矛盾がある、すなわち「成立しない」とき、誤っている。その論理には「誤り」がある。

このときの「正しさ」は「真」であり、「誤り」は「偽」である。


例えば、カードゲームで、ルールに基づく、ゲームの局面という前提と次に出せるカードという結論の関係は、論理である。

これは、そこにルールに対する矛盾がない、すなわち「成立する」とき、正しい。

対して、そこにルールに対する矛盾がある、すなわち「成立しない」とき、誤っている。


なお、「前提と結論の関係」とは推論関係であるから、論理とは「ルールに基づく推論関係」であり、ルールは推論規則である。

一般的に、ルールは、言わずもがなの大前提と扱われて、省略されることが多い。

ルールは、意味さえあるものであれば何でも構わない。ゲームのルールでも、物理的・数理的な法則でも、常識や主義のような考え方でも構わない。他の論理でも構わない。

論理が正しくても結論は誤り

論理を、正しい論理としてよく知られる三段論法で確認してみよう。「人間は死ぬ。ソクラテスは人間である。ならばソクラテスは死ぬ」という認識の、「人間は死ぬ」というルールに基づく、「ソクラテスは人間である」という前提と「ソクラテスは死ぬ」という結論の関係は、定言三段論法と呼ばれる論理である（一般的に、ルールは大前提、前提は小前提とされる）。

これは、そこにルールに対する矛盾がない、すなわち「成立する」から正しい。

だから、論理が正しいということは、そこにルールに対する矛盾がないということでしかない。つまり、論理が正しくても、結論は正しいとは限らない。

論理が正しくても、ルールと前提が正しくなければ、結論は正しいとは限らないのである。例えば、「人間は死ぬ」と「ソクラテスは人間である」が正しければ、「ソクラテスは死ぬ」は正しいが、正しくなければ、「ソクラテスは死ぬ」は正しいとは限らない。

ところが、世の中は、論理が正しければ結論も正しいと考えがちである。それが集団や権威者の結論の場合は、特にそうだ。我々は、論理の正しさと結論の正しさを混同してはならない。

想像が論理を活かす

想像の力

論理について、もうひと掘りしておきたい。

ここ以降、世の中と同様、論理という関係で繋がれた認識の集まりも論理と呼ぶ。


世の中は、論理を想像の世界では使えないものと考えがちだが、そうではない。

論理は、そこにルールに対する矛盾さえなければ、ルールと前提が現実についての認識でも、想像でも正しい。想像上の物語でも論理的に正しい展開ができるのは、このことによる。


人類の多くの大発見は、論理に想像を組み込むことによって生まれてきた。

例えば、「物質には引き合う力がある」という想像をルールとすれば、そこにルールに対する矛盾がないように、「離れた二つの物質がある」という前提から「二つの物質は接近する」という結論を導出できる。

「物質には引き合う力がある」という想像が、後に検証されて万有引力の発見を生んだのだ。

物質の引き合う力は、知覚できない。知覚できない以上、何の検証もない段階で「物質には引き合う力がある」という現実についての認識を持つことは不可能であり、「物質には引き合う力がある」という想像をするしかない。

我々は、論理に想像を組み込むことによって、現実についての認識をより正しい（真である）ものにすることができるのである。

「論理的想像」

実は、企業で行われるプランニングは、現実から未来を論理的に導出する作業である。ルールに矛盾しないように、「現実についての認識」である前提から「未来についての想像」である結論を導出する作業なのだ。

そして、プランニングで使うルールは、主に「今後実施していく施策」であり、まだ実施していない以上、それも「未来についての想像」である。

だから、気づいている者は少ないが、企業で行われるプランニングとは、「未来についての想像」である「今後実施していく施策」というルールに矛盾しないように、「現実についての認識」である前提から「未来についての想像」である結論を導出する作業なのである。

ゆえに、想像力が乏しいと、論理的ではあっても創造的ではないアウトプットが出来上がる。

さらに、ルールである「今後実施していく施策」のプランニングでも同じことが言える。それ以外の重要なルールである「ビジネスを取り巻く環境変化」の想定でもそうである。

しかも、「現実についての認識」という前提すらも、未来に影響すると推測される要素だけを残したものであるから、「現実についての認識」の形成でも同じことが言える。

プランニングとは、まさに「論理的想像」をする作業なのだ。

優れたプランニングを行うには、高い論理的思考力だけではなく、高い想像力が必要なのである。

マンホールのふたはなぜ丸い？

近年、企業において、論理的思考力はますます重視されるようになっている。採用プロセスにおいても、テストや面談で論理的思考力をチェックする企業が増えている。

他方、イノベーションブームが起きてから、企業は想像力の必要性を唱えるようにはなったが、実際の活動の中で重視している様子は特にない。採用プロセスにおいて、想像力をチェックする企業はまれである。

だからなのだろう。私は職業柄、多くの企業で多くのプランを見るが、それらは驚くほど似ている。どれもみな、理路整然としているが、同じような論理体系で結論が固定的だ。

それは、プランの作成者たちがどこかで内容を揃えるための打ち合わせでもしているのではないかと、本気で思ってしまうほどである。残念ながら、彼らには、想像力が足りていない。

そして、想像力不足でイノベーションを起こすのは難しい。よく指摘されるように「イノベーションのアイデアを出せないから」だけではない。

企業では、いかなるイノベーションも、それを実現するための関係部門のプランニングを通して進められていくからだ。想像力不足のプランニングの中では、どんなにイノベーティブなアイデアも革新性を失っていくことになる。

アップルとグーグルの、想像力重視の採用姿勢を示す事例を挙げておく。

アップルのウェブサイトの採用ページでは、例えば、機械エンジニアリングの仕事が「想像力豊かな発想を、現実世界の体験に変える」活動として紹介されている。

また、よく知られるように、グーグルは採用面接で「マンホールのふたはなぜ丸い？」などの「論理的想像力」を問うていた。

彼らは、そこで「論理的想像力」という言葉を使っているわけではないが、その問いの狙いは「論理的想像力」のチェックだと容易に想像できるのだ。

バリュー・エンジニアリングを疑う

VEではウォークマンを説明できない

バリュー・エンジニアリング（VE：Value Engineering）という、価値向上をはかる手法がある。米国GE社発の手法であり、日本では、当初は製造業の資材部門に導入され、その後、企画、開発、設計、製造、物流、事務、サービスなどへと適用範囲が広がるとともに、あらゆる業種で活用されるようになった（日本バリュー・エンジニアリング協会による）。

VEにおける価値は、V（Value：価値）＝F（Function：機能）／C（Cost：コスト）である。Vは「製品やサービスの価値」とされているから、商品価値に当たる。ゆえに、Fは顧客にとっての機能、Cは顧客にとっての価格である。

つまり、V＝F／Cは、顧客にとってのV＝F／Cであり、商品価値が「価格あたりの機能」であるとの考え方である。

しかし、商品価値は「価格あたりの機能」であるとは限らない。V＝F／Cが成立するケースは限られる。

例えば、ソニーの初代ウォークマンには、再生機能しかない。録音・再生に加えてラジオの機能まであるオーディオ機器が３万円未満で買えた時代に３万３千円だった。

ウォークマンの「価格あたりの機能」は、他のオーディオ機器に比べて低い。しかし、商品価値はケタ違いに高かったからメガヒットした。仮に小型であることを機能と考えても、そのことは変わらない。

また、大間港で水揚げされるマグロは、同じマグロでも価格が高い。

大間のマグロの「価格あたりの機能」は、他の港で水揚げされたマグロに比べて低い。しかし、大間ブランドが生む商品価値が高いから、価格が高くても売れる。

商品価値は機能とコストで決まらない

しばしば企業がそうするように、V＝F／Cを企業にとってのものと考えて、Vを企業の利益、FとCをそれぞれ企業にとっての機能とコストとすれば、V＝F／Cは成立するように見える。

例えば、製品の中で部品が発揮する機能が同じで、部品のコストが低いほど、利益は高い。

しかし、そもそも、利益は商品価値ではないし、「コストあたりの機能」でもない。

ゆえに、V＝F／Cは成立しない。

V、F、Cそれぞれを顧客と企業の両方にとってのものと考えるパターンでも同様だ。ややこしいが、例えば、企業は、（企業にとっての）低いコストゆえの（顧客にとっての）低い価格で、（顧客にとっての）商品の機能が高い商品は、（顧客にとっての）商品価値が高くてたくさん売れるから、（企業にとっての）利益が高いと考える。

しかし、既述のように、顧客にとってのV＝F／Cは、成立するケースが限られる。

また、利益は商品価値ではないし、「コストあたりの機能」でもないから、企業にとってのV＝F／Cが成立しないことに変わりはない。

日本企業はVEに振り回され過ぎる

企業は、V＝F／Cに振り回されている。

中でも日本企業にその傾向が顕著である。

特に、最近の日本企業では、「価格あたりの機能」を向上させるための値下げとそのためのコストダウンを行い過ぎて、品質劣化による商品価値の低下と、それに起因する売上減を招く例が絶えない。

VEの過信は、避けなければならない。

コスパを疑う

コスパは「お買い得感」

では、コスパはどうなのか。この数年、日本ではコストパフォーマンスの略である「コスパ」という言葉が流行っていて、世の中のいたるところで耳にする。

コスパとは、コストパフォーマンス（Cost Performance）の略であり、コストパフォーマンスとは、コスト対パフォーマンス、すなわち費用対効果である。そして、顧客にとっての費用対効果の効果とは、価値（商品価値ではなく）を指す。

だから、コスパとは「価格対価値」、すなわち「価格あたりの価値」であり、平たく言えば、「お買い得感」という商品価値である。

コスパを英語の略でＣＰ、価値をＶ、価格をＣで表すと、ＣＰ＝Ｖ／Ｃとなる。

コスパも機能とコストで決まらない

ところが、世の中には、ＣＰ＝Ｖ／Ｃではなく、ＣＰ＝Ｆ／Ｃと考える人が多い。彼らは、コスパをＶＥのＶ＝Ｆ／Ｃと同義で捉えている。

だから、彼らは「価格あたりの機能」でコスパを語り、「価格あたりの価値」でコスパを語らない。マスメディアで商品の評価を行う専門家の論調も、そうしたものが大半を占める。

企業でも、CP＝F／Cと考えている人が多い。VEのVの流行りの呼称がコスパだと思い込んでいる人も珍しくない。

世の中は、コスパに振り回されている。

商品価値はコスパだけではない

もちろん、世の中には、CP＝V／Cと考えている人もいる。

しかし、その大半は、コスパと言えば商品価値すべてを意味し、コスパ以外の商品価値はないと考えている。しかし、コスパではない商品価値もある。

例えば、高級ブランド商品の商品価値は、価格がある程度高いほうが高い。

高級ブランド（Luxury Brand）商品の商品価値をLBVとすると、Cがある程度高いレベルで、LBV＝V×Cなのだ（実際は、V×Cには何かの係数が必要だろうが、ここでは捨象する）。

この、価格がある程度高いほうが高い商品価値の存在は、世の中がよく知るところである。それにも関わらず、コスパの前では、どこかに消えてしまう。

やはり、世の中は、コスパに振り回されている。

「安かろう、良かろう」はもうやめよう

コスパ以外の商品価値はないとの考えは、欧米人に比べ、日本人に顕著である。日本発の世界的な高級ブランドが殆どないことは、その証左だろう。

そして、コスパ以外の商品価値はないとの考えは、商品価値を高める努力よりも、価格を下げる努力に繋がりやすい。現に、日本は概ね「安かろう、良かろう」で頑張ってきた。

しかし、最近では、「安かろう、良かろう」も危うくなっている。「安かろう、悪かろう」になりつつある。品質劣化を起こさずに価格を下げることには限界がある。

そろそろ日本は、「安かろう、良かろう」を減らして、「高かろう、凄かろう」を増やしたいものだ。

価値の本質に迫れれば、「高かろう、凄かろう」を増やせるようになるのだから。

バリューチェーンを疑う

ポーターのバリューチェーン

競争戦略の権威である米国の経営学者、マイケル・ポーターが唱えたバリューチェーン（価値連鎖）という考え方がある。１９８５年に発表した著作「競争優位の戦略」中で紹介されて以来、世界中の企業に大きな影響を与えてきた。

無論、彼の言うバリューとは、商品価値である。また、バリューチェーンは、その名の通り、商品価値の連鎖を指す。

マグロの場合、マグロを獲る人の働き、運ぶ人の働き、加工する人の働きなどが生む商品価値がマグロに連鎖的に媒介されて顧客の頭の中に価値を生むように、商品価値とは、連鎖的に生まれるものだ。彼のバリューチェーンは、このことを先駆的に表現したものである。

本質から遠いバリューチェーン

しかし、ポーターも「対価を伴い、記憶が生み、感情を引き起こすコト」である商品価値の本質に迫り切れていないし、商品価値が顧客の頭の中にあることを分かっていないようである。

彼のバリューチェーンには、指摘すべきところが多くある。幾つか挙げてみよう。

まず、誤り（偽）である点。

商品価値を生むのは活動、すなわち人の働きであり、マージンは商品価値を生まない。マージンをバリューチェーンに入れたのは、大きな誤りである。

また、技術開発は、商品価値を生む活動の主たるものである。技術開発を支援活動としたのは、誤りである。

次に、不足している重大な点。

バリューチェーンである以上、商品価値が生まれるのが消費者の頭の中であることは、明示されているべきである。消費者の頭の中に記憶を生めなければ、どんな活動も商品価値を生むことができないからだ。

また、単純化のために一つの企業に範囲を限定したものであるとも考えられるが、バリューチェーンは、一企業だけで構成するものではなく、パートナー企業と共に、企業群全体で構成するものであることは、明示されているべきである。

本質的に、企業は役割分担をして消費者に商品価値を提供しているのだから。

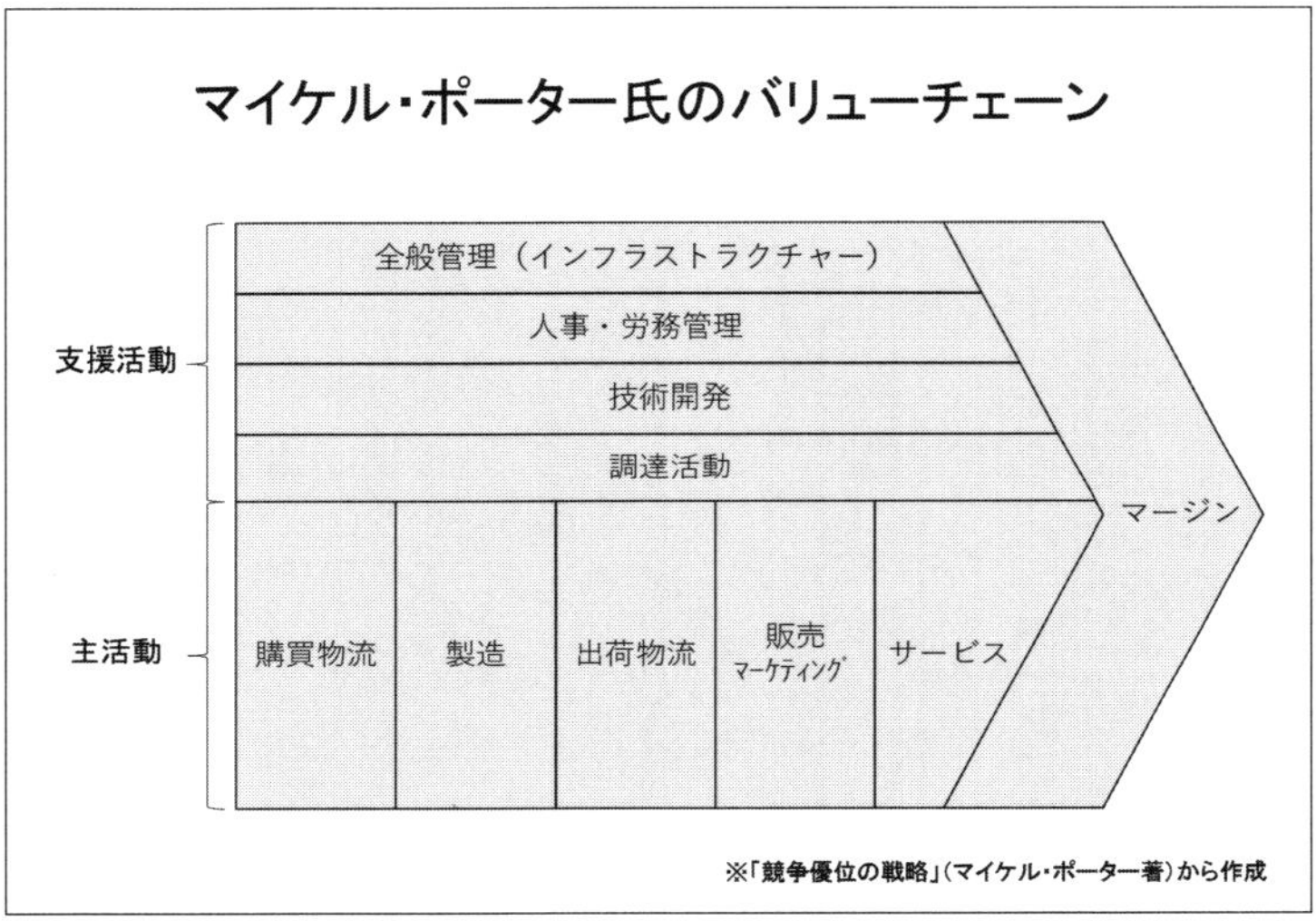

奥深い価値の世界

ポーターが唱えたバリューチェーンは、一つの企業の事業や商品の「コスト構造」と呼ぶべきものだ。「バリューチェーン」とは呼び難い。

価値の世界は、奥深い。本質に迫り切れていないと、ポーターのような世界的な経営学者にも、よく見えない。

企業は、そのことを知った上で、経営学と付き合うほうが賢明である。

マーケティングを疑う

マーケティングは進化した

企業のマーケティングはずいぶんと進化した。

ペルソナ（市場セグメント毎の代表的な特徴を持つ架空の顧客）を設定することで、顧客の感情を深く理解しようとするようになってきた。ペルソナの時系列での感情の動きを追う、カスタマージャーニー・マップの活用が進んできてもいる。

本質的に、商品価値とは「対価を伴い、記憶が生み、感情を引き起こすコト」である。だから、顧客の感情に迫ることは、進化に他ならない。

マーケティングの世界的権威である米国の経営学者フィリップ・コトラーによれば、マーケティングの考え方は、これまで、製品中心のマーケティング1．0から、消費者志向のマーケティング2．0、価値主導のマーケティング3．0に進化してきた。そして、これからは、自己実現のマーケティング4．0に進化していくという。

彼は、世の中が商品価値の本質に迫る過程を構造化してみせてくれている。

コトラーも本質に迫り切れていない

では、コトラーは、本質に迫り切れているのだろうか。

彼は、著書「コトラーのマーケティング3.0 ソーシャル・メディア時代の新法則」(2010年)の中で、企業から提案される価値は、マーケティング1.0時代には「機能的価値」だけであったが、2.0時代には「機能的価値、感情的価値」となり、さらに3.0時代には「機能的価値、感情的価値、精神的価値」になったと指摘している。

しかし、本質的に、価値とは「記憶が生み、感情を引き起こすコト」である。そうである以上、コトラーが言う「機能的価値、感情的価値、精神的価値」の中で、価値に該当するものは「感情的価値」しかない。

彼が言う「機能的価値」は、製品の機能が生む「感情的価値」だ。

また、「精神的価値」は、顧客が欲する社会的課題に対するソリューションの価値を指すようだが、それも、社会的課題が解決されることで生まれる「感情的価値」である。

かつての私もそうだったが、価値の本質に迫り切れていない者は、価値には「感情的価値」以外のものがあると考える。そして、彼もその一人であるようだ。

コトラーは、価値の本質に迫り切れていない。

顧客が期待すらできない商品

進化したマーケティングに足りない点は、既に幾つか指摘したが、ここでもう一つしておきたい。進化したマーケティングの影響で、最近、企業が「顧客の期待を超える商品」を追求するようになった。

しかし、期待とは、既に知っているものに対してのみできる行為である。人間は、まだ知らないものに何も期待することはできない。

だから、「顧客の期待を超える商品」の追求は、顧客が知っている既存の商品を変える活動にはなっても、顧客がまだ知らない新商品を誕生させる活動にはならない。

つまり、「顧客の期待を超える商品」の追求は、ウォークマンやiPhoneのような「顧客が期待すらできない商品」を生まない。

実際、企業では、「顧客が期待すらできない商品」の追求が疎かになっている。そもそも、世の中で「顧客が期待すらできない商品」という言葉が使われていない。試みにグーグルで「顧客が期待すらできない商品」を検索してみても、出てくるのは「顧客の期待を超える商品」の話ばかりである。

「消費者」と呼ばないで

ちなみに、コトラーも含めて、経営学者や経済学者が「消費者」という呼称に異議を唱えず、そのまま使っているのは、不思議である。

既に読者にはお分かりだろうが、消費者は、モノである商品を消費するが、商品価値を消費しない。商品についての記憶がある限り、商品価値を享受し続ける。

また、消費者が買うのは、消費される商品ではなく、消費されない商品価値である。

だから、本来、消費者は、「(商品価値の)享受者」とでも呼ばれるべきである。

ミッション経営を疑う

人は楽しむために生きる

突き詰めれば、人間の精神的な活動は、「知情意」で説明し尽せる。

人間は、本能の影響を受けつつも、精神的な活動として「知の領域で何かを記憶（認識）し、情の領域で価値を感じ（＝感情を起こし）、意志の領域で行動を起こす」という活動しかしていない。それ以外、できないのである。

例えば、旅の記憶から、楽しさというプラスの価値を感じ、また旅をするという行動を起こす。ゲームの記憶から、つまらなさというマイナスの価値を感じ、そのゲームをもうしないという回避行動を起こす。

こうした活動を一言で表すとすれば、「プラスの価値を生む（プラスの感情を引き起こす）記憶を求める活動」だ。

人間は、ときにはマイナスの価値を生む記憶をもたらす活動をするかのように見える。しかし、実は、結果的にそれがプラスの価値を生む記憶をもたらすと無理にでも考えてそれをする。

だから、プラスの価値を一単語で「楽しさ（Enjoyment）」と表すとすれば、人間の精神的な活動は「楽しさを生む記憶を求める活動」、要は「楽しむ活動」である。

人間の本質は、まだ私にも分からない。だから、これが人間の本質だとは言わないが、少なくとも、精神的な存在としての人間は、「楽しむ者」なのだ。

人は、楽しむために生きるのである。

世の中は「目的」病

つまり、人生の最上位の目的は、楽しむことなのだ。楽しむこと以外のすべての目的は、楽しむという目的の手段でしかない。

ところが、世の中は、このことも見えていない。

世の中は、楽しむこと以外の目的と、その手段との逆転には気づく。しかし、楽しむという目的と、その手段である、楽しむこと以外の目的との逆転には気づかない。

特に近頃は、それがひどい。

世の中では、楽しむことよりも、楽しむこと以外の目的が重んじられる。誰もが、生活のあらゆるシーンで、目的を持て、目的を持て、と迫られる。

本来、「楽しめない人生は、ダメな人生」であるはずなのに、「目的のない人生は、ダメな人生」であるとの空気が世間を覆う。

しかし、人は、楽しむために生きる以上、楽しむほど、能力を発揮する。楽しむことを重んじなければ、楽しめなくなり、能力を発揮しづらくなって、目的を果たしづらくなる。

近頃は、楽しむことよりも、楽しむこと以外の目的が重んじられるせいで、かえって、楽しむこと以外の目的が果たされづらくなってきていると考えるのが、理に適う。

最も楽しめることを理念にする

人は、楽しむほど、能力を発揮する。ならば、人は最も楽しむときに、最も能力を発揮する。

よって、その能力が他者にとっての価値を生むものである場合、人は、最も楽しむときに、自らが生む他者にとっての価値を最大化する。

だから、ビジネスマンという人の集まりである企業は、顧客という他者に提供する商品価値を最大化するために、自らが最も楽しめることをすべきである。

また、企業としての目的を持つなら、自らが最も楽しめることを目的とすべきである。

既に紹介したように、ソニーの設立当時の理念という目的には、「真面目なる技術者の技能を、最高度に発揮せしむべき自由闊達にして愉快なる理想工場の建設」がある。

これは、当時のソニー自らが最も楽しめたことに他ならない。この理念を掲げて、ソニーは、自らが生む商品価値を最大化した。

ところが、近年の企業は、ミッション（使命）を果たすことを目的として掲げるようになった。使命とは、他者から与えられるもの、ないしは、他者から与えられたと考えるものだ。だから、概して使命は、自らが最も楽しめることではない。辛いものでも、使命は使命である。

企業がミッションを掲げることは、自らが生む商品価値を最大化しないと言っているようなものなのだ。

ただし、他者から与えられる使命を果たすことこそが最も楽しめること、という従業員だらけの企業の場合は、別とする。

GAFAとミッション

なんと、この流れにグーグル、フェイスブック、アマゾンさえも乗ってしまっている。

グーグルは「世界中の情報を整理し、世界中の人々がアクセスできて使えるようにすること」、フェイスブックは「コミュニティづくりを応援し、人と人がより身近になる世界を実現すること」、アマゾンは「地球上で最もお客様を大事にする企業であること」をミッションとして掲げている。どれも自らが最も楽しめることにも見える内容ではあるが、それらをミッションとして掲げてしまうところを見ると、彼らの人間を見る目は、まだ甘い。

対して、アップルは、創業以来、ミッションらしきものを掲げない企業として有名だ。世の中の潮流に抗って、このまま行けるかどうか、見ものである。

ソニーは、つい最近まで掲げていたミッションをやめて、今は「クリエイティビティとテクノロジーの力で、世界を感動で満たす」という文言を「Purpose（存在意義）」として、「Values（価値観）」と共に掲げている。「存在意義」との表現は微妙だが、ミッションよりはいい。

経営学者には人間の勉強が足りない

なお、ミッションを掲げる経営、すなわちミッション経営ブームの仕掛け人は、オーストリアの世界的に高名な経営学者ピーター・ドラッカーであるようだ。彼は、著書「ネクスト・ソサエティ」（2003年）の中でミッションの必要性を唱えている。

既述のコトラーもまたミッションの重要性を説いている。

経営学者には、もう少し人間についての勉強が必要なようである。

企業の売買は人身売買？

営利目的は偶有性

ビジネスとは、本質的に「対価を伴う価値を生む活動」だ。ならば、ビジネスマンとは、その名の通り、ビジネスを行う人であるから、対価を伴う価値を生む活動を行う人である。

そして、企業とは、ビジネスマンの集まりであり、ゆえに、対価を伴う価値を生む活動を行う人の集まりである（一人の場合も含む集まりを意味する言葉がないので困るのだが、この集まりは、ビジネスマンが一人の場合も含む）。

しかし、世の中が考える企業は、これとは違う。辞書によれば、企業とは「営利の目的で継続的・計画的に同種の経済行為を行う組織体」（大辞林　第三版）である。

そこには、ビジネスの場合と同様に「営利の目的」、すなわち「お金を稼ぐという目的」が入っているが、これは偶有性だ。趣味の活動がお金になった人の集まりも、それはそれで企業である。また、「継続的・計画的」も偶有性だ。「瞬間的・偶発的」であっても、対価を伴う価値を生む活動を行う人の集まりは、企業である。

さらに、「同種」も偶有性だ。「異種」のビジネスを行っても、企業は企業である。世の中の企業を見る目は、偶有性にまみれている。

「モノ・カネ・情報」も偶有性

世の中が企業の本質だと誤解している偶有性は、もっとある。

一般的に、企業の経営資源として挙げられる「ヒト・モノ・カネ・情報」の内、ヒトを除く「モノ・カネ・情報」がそうだ。

しかし、「モノ・カネ・情報」の組み合わせは、企業に特有かつ必須の属性として語られる。よって、世の中にとっては、これらの組み合わせが企業の本質であることになる。

しかし、「モノ・カネ・情報」の全部または一部がない状況の企業だってある。「モノ」「カネ」「情報」は、偶有性なのだ。

最近は、さらに偶有性が増えて「ヒト・モノ・カネ・情報・時間・知的財産」とも言われることもあるようだが、ここでは、もう増やさないでおこう。

企業を売買していいのか

企業は人、なのだ。

人は人を所有してはならないし、売買してはならない。

だから、爆弾発言を承知で言うと、本質的に、誰も企業を所有してはならないし、売買してはならない。所有したり売買したりしてもよいのは、企業が持つ「モノ・カネ・情報」などの偶有性だけである。


未来のいつの日か、本質に迫り切れるようになった人類は、企業を所有したり売買したりしなくなるだろう。そして、企業を所有したり売買したりしている今の時代を振り返って、「野蛮な時代もあったものだ」と思うようになるに違いない。

企業は市民である

実は、そういう未来に近づく動きもある。CSR活動がそうなのだ。

CSRとは、企業が本来持つべき、利益追求以外の、法令遵守、ステークホルダー全体への適切な対応、社会貢献を通じて果たすべき市民としての責任のことである。

つまり、CSRの考え方においては、企業を市民と位置づけている。

そして、市民を所有したり売買したりしてはダメだ。

世の中は、やがてそのことに気づくことになる。

無知の知を知る

世の中が考える社会

では、社会とは何なのか。

辞書によると、社会とは、「①㋐生活空間を共有したり、相互に結びついたり、影響を与えあったりしている人々のまとまり。また、その人々の相互の関係（社会を形成する）㋑同種の生物の個体間の相互関係や、それらのまとまり（ニホンザルの社会）②同じ傾向・性質、あるいは目的をもつ人々のまとまり（上流社会）③自立して生活していく場としての世の中、世間（学校を卒業して社会に出る）」（大辞林 第三版）である。

この内、②と③は、社会の一種のようだから、①だけ見てみよう。

㋐で言う「生活空間の共有」は、ネット社会のように生活空間の共有がない人々のまとまりも社会だから、偶有性である。

「相互に結びついたり、影響を与えあったり」の「たり」は、言葉の定義にふさわしくない。

社会が「関係」だとすると、「社会での関係」が「関係での関係」という存在しないものとなるから、社会は「関係」ではない。

㋑の「関係」も同様であり、「同種の生物の個体間のまとまり」では、どんなまとまりかが分からない。

社会とは何か

ここでは、人間の社会だけを社会と呼ぶことにするが、社会は、人の集まりである。

また、すべての社会には「価値をやりとりする関係」という属性があり、これがあるものは社会以外にない。よって、社会の普遍的な特徴は「価値をやりとりする関係」だ。

だから、社会とは「価値をやりとりする人の集まり」である。極めて単純なのだ。

世の中は、社会が「人の集まり」であることには、辿り着けている。

社会を構成する人々の間に何らかの関係があることにも、辿り着けている。しかし、それが「価値をやりとりする関係」であることには辿り着けていない。

なぜなのか。

人類は、価値の本質が分かっておらず、ゆえに、価値とは何かが分かっていない。

しかも、価値は、頭の中にしか生まれない。よって、人々が頭の中に価値を生むもの（媒体）をやりとりする様を見ることはできても、価値自体をやりとりする様を見ることはできない。

そうである以上、人々がやりとりするものが価値であると認識することは、そもそも無理なことなのだ。

世の中は社会とは何かが分かっていない

人類は、社会とは何かが分かっていない。社会学者も、社会とは何かが分かっていない。いや、社会学者が分かっていないから、人類も分かっていないというべきか。

だから、人類は、社会的なあらゆる事物が何かを分かっていない。

これまで見てきたように、ビジネスやビジネスに関連する事物が何かを分かっていない。政治や経済が何かも分かっていない。教育が何かも分かっていない。

しかも、人類は、良さが何であり、正しさが何であるかもよく分かっていない。

さらに、これは私も含めてだが、社会を構成する存在である人間とは何かも分かっていない。

その状態で、人の集まりである社会を良くするための正しい活動を行うことは、至難の極みと何度言っても足りない。

今でも、社会を良くする活動という位置づけで、程度の差こそあれ、本質を外して偶有性にまみれた活動ばかりが延々と繰り返されている。

政治は、遅々として発展しない。経済政策の効果は、一向に高まらない。教育は、人の幸福に繋がりづらいままである。

無知の知

人類が本質に迫ることを阻んでいる巨大な障壁がある。

人類自身の「知っている（分かっている）つもり」である。

そう考えてのことかどうかは定かではないが、哲学の祖であるソクラテスは、「無知の知」を唱えていた。

これは、「人は、事物を知っているつもりでも知らないということを知ることが、真の知へ至るための出発点である」ことを示唆する言葉である。

本質に迫るための心構えとしても、まさに至言という他はない。

人類はもう、２０００年以上も前から同じようなところで足踏みをし続けている。そろそろ、大きな一歩を踏み出したいものだ。

「ハングリーであれ、愚かであれ」

ところで、アップルのジョブズの言葉に「ハングリーであれ、愚かであれ」がある。

彼が米スタンフォード大学の卒業式に招かれて行ったスピーチの一節であり、名言とされ、解釈は様々ある。

一つの見方を示したい。ジョブズは、「持っているテクノロジーを全て引き替えにしても、ソクラテスとの午後のひとときを選ぶ」と語るほど、ソクラテスの熱烈なファンであった。だから、「ハングリーであれ、愚かであれ」は、ソクラテスの唱えた「無知の知」についての彼なりの解釈であると解釈できる。

ジョブズは、真の知への大きな一歩を踏み出していたのだと思う。

第5章　だから「出る杭」はこう考える

会社のために働かない

「会社のため」に働く人

本質的に、ビジネスマンとは、顧客の頭の中に対価を伴う価値、すなわち商品価値を生む人である。

そして、顧客とは、広く見れば、消費者の集まりである社会に他ならない。よって、ビジネスマンとは、社会に商品価値を提供する人である。

ビジネスマンとは「社会のため」に働く人なのだ。

しかし、今でも「会社のため」に働くと言う人は、少なからずいる。

特に経営者や管理職には多い。彼らは、部下を「会社のため」に働かせる人でもある。彼らによって「会社のため」に働く人にされている人も多くいる。

「内輪の論理」

怖いのは、「会社のため」に働くという意識が、「会社のため」の、いわゆる「内輪の論理」を社内に積み上げてしまうことだ。

「内輪の論理」とは「社内で正しいとされることをルールや前提として成立する論理」である。ゆえに、しばしば、「内輪の論理」のルールや前提は、社会で誤りとされる（価値がない／害がある）ものとなり、結論も社会で誤りとされる（価値がない／害がある）ものになる。ルールや前提は、事実でない（偽である）ものになり、結論も事実でない（偽である）ものになる。

しかし、「内輪の論理」は、成立する、すなわち正しい（真である）ものであるから、社内を流通しやすい。

しかも、「内輪の論理」には「会社のため」という旗印が付くから、社内の者が「内輪の論理」に対抗するのは、極めて難しい。だから、「内輪の論理」は、止めどなく蔓延して、いつしか社内に積み上がる。

そうなると、会社は、社会にとって価値がないことを多くするようになり、ときには、害があることもするようにもなる。事実でないことを言って（嘘をついて）、信用を落とすようにもなる。

かくして、会社の業績は悪化する。

「社会のため」は「会社のため」になる

最近は、大企業も立派に役所化しているが、「内輪の論理」が積み上がってしまった組織の典型は、やはり役所であり、とりわけ中央省庁だろう。

しばしば、中央省庁の「役所の論理」のルールや前提は、社会で誤りとされるものであり、結論も社会で誤りとされるものである。また、ルールや前提は事実でないものであり、結論も事実でないものである。

概して中央省庁は、社会にとって価値がない行政サービスを多くする。ときには、害があるサービスもする。事実でないことも言う（嘘をつく）。

会社と違って、それでも業績が悪化するということがないから、変わろうともしない。

我々ビジネスマンは、「会社のため」ではなく「社会のため」に働かなければならない。「社会のため」に働くことで、「内輪の論理」を最少化できる。社会にとって価値がないこと、害があること、嘘を減らすことができ、会社の業績低迷を防ぐことができる。結局、それが真に「会社のため」になる。

無論、愛社精神は尊ぶべきものであり、持つに越したことはない。しかし、会社を愛するなら、なおさら「会社のため」ではなく、「社会のため」に働くべきなのだ。

「事あれ主義」で行く

ビジネスとは、コトを起こす活動である

ビジネスとは、顧客の頭の中に対価を伴う価値、すなわち商品価値を生む活動である。そして、商品価値とは、モノではなく、コトである。

よって、ビジネスとは、顧客の頭の中に、商品価値というコトを起こす活動だ。

また、世の中の価値観は、時代の流れで変わる。

ゆえに、価値の感じ方も、その一種である商品価値の感じ方も、時代の流れで変わる。

よって、ビジネスの本質は変わらなくても、ビジネスの偶有性は、時代の流れに合わせるため、あるいは、時代の流れを自らつくるため、変え続けなければならない。

つまり、よく言われるように、ビジネスには、変化というコトを起こす活動が欠かせない。

ならば、ビジネスマンは、「事（コト）なかれ主義」ではないほうがいい。

何もしないのが仕事？

ところが、日本には「事なかれ主義」者が多く、日本企業には「事なかれ主義」者が多い。「事なかれ主義」者にも様々なタイプがあるのだろうが、日本式「事なかれ主義」者の典型は、「見ざる、聞かざる、言わざる」者だ。

日本企業には、例えば、職場の問題は見たくない、他部門の活動は聞きたくない、会社への提言はしたくないと考えるような「見ざる、聞かざる、言わざる」従業員が少なくない。見ることも、聞くことも、言うことも、コトを起こすことに繋がるからだろう。

そして、企業の業績が悪くなると、その傾向が強く出る。多くの者が、何もコトを起こさなくなる。

経営危機に陥ったある日本企業の本社で、広報担当者が「今は、何もしないのが仕事です」と言い、周囲が「ごもっとも」と共感しているシーンがあった。

しかし、経営危機に陥った企業は、従来のやり方の激変というコトを起こして、顧客の頭の中に爆発的に高い商品価値というコトを起こさなければならない。

ましてや、広報は、やりようによっては、お金をかけずに顧客の頭の中にコトを起こせる部門である。本来なら「今こそ、私が暴れます」とでも言うべきところなのだ。

幾つもの欧米企業に在籍し、欧米企業へのコンサル経験も多い私が知る限り、欧米企業では、さすがに「何もしないのが仕事です」は許されない。いかなるときも、何もしなければ、間違いなくクビである。

「事あれ主義」がイノベーションに必要だ

とは言え、程度の差こそあれ、世界中で多数派を占めるのは、「事なかれ主義」者であって、「事あれ主義」者ではない。日本では、特に「事なかれ主義」者が多いというだけのお話なのだ。

だから、「事なかれ主義」者が多数派である中で、変化というコトを起こし続けながらビジネスを維持・発展させる活動は、どの国のどの企業にとっても、大ゴトである。

ましてや、イノベーション、すなわち常識破りの変革という巨大な変化を起こす活動は、まさに巨大ゴトと言う他はない。

イノベーションを起こすには、「事あれ主義」者が必要なのだ。

無論、必ずしも「出る杭」自身が「事あれ主義」者でなければならないことはない。しかし、「出る杭」は、「事あれ主義」者であることが望ましい。

ルール無用①

ムダなルール

役所もそうだが、企業は、多くのムダなルールを抱えている。特に大企業は、ムダなルールで溢れている。

企業では、商品価値を生むためのルールと、人として守るべきルールがつくられる。企業とは、商品価値を生む人の集まりであるからだろう。

しかし、この内、商品価値を生むためのルールには、実際には商品価値を生むことに繋がらないもの、すなわちムダなものが極めて多い。

ムダなルールは積み上がる

よく見ると、商品価値を生むためのルールは、商品価値を生むこと自体のためにはつくられない。ルールは、商品価値を生むために必要な組織を運営するためや、業務を回すためにつくられる。商品価値は、組織が業務を通して生むものであるからだ。

よって、多くの場合、商品価値を生むことには繋がらないルールでも、少なくとも組織を運営することや業務を回すことには役に立つ。

また、多くのルールは、多くの人の個人的な保身にも役に立つ。

だから、ムダなルールでも、ルールは一旦つくられてしまうと、なかなか、なくせない。なくせないのに新たなルールがつくられていくから、ムダなルールは積み上がる。

企業では、積み上がったムダなルールに従うムダな仕事が積み上がり、従業員が商品価値を生むための時間が減る。

しかも、そもそも、ルールは「内輪の論理」の温床となる。企業では、積み上がったムダなルールに基づく「内輪の論理」も積み上がる。

従業員は、少ない商品価値を生むための時間を使って、結局、社会にとって価値がない、ムダなことを多くするようになる。ときには、害があることもするようになる。嘘をついて信用を落とすようにもなる。

ムダなルールは、業績悪化の重大な原因となる。なくさなければならない。

予算もムダだ

ムダなルールを一気になくすには、組織や業務の変化を促進するルールだけ残すという考え方がお勧めだ。

この考え方に準じれば、「予算管理制度」という、現代企業を支配する「ルールの権化」のようなものであっても、なくすことができる。

企業の利益確保を目的とする予算管理制度は、組織や業務の変化を促進しない。むしろ変化を阻害する。

キャッシュフローがＯＫなのに、企業では一体どれだけの「今年度は予算がないから来年度」という言葉が飛び交っていることだろう。どれだけの今起こすべき変化が先送りされていることか。

「本当に企業に予算管理制度がなくてもいいのか」との声が聞こえてきそうであるが、大丈夫。

現に、私が入社したときのソニーは、予算管理制度を導入しておらず、それでも（それだから？）奇跡の成長を遂げていた。

また、奇跡の成長を続けるアマゾンのベゾスが、利益を出すことを愚かなことと言い、実質的に利益確保を目的とする予算管理制度がない経営を貫いていることは、よく知られるところである。

キャッシュフローの計画は必要だが、利益の予算はムダなのだ。

ルール無用②

人としてのルール

さて、もう一つのルールは、人として守るべきルールである。

ここで言う「人」は、社会を構成する「人」だ。自然人である「人」ではない。また、社会とは、価値をやりとりする人の集まりである。

ゆえに、人として守るべきルールの「人」は、価値をやりとりする「人」である。

だから、価値をやりとりする人として守るべきルールとは、他者にマイナスの価値（害）を与えないためのものと、他者にプラスの価値を与えるためのものしかない。

ルールよりも「善人教育」

今、企業は、他者にマイナスの価値を与えないためのルールで一杯だ。

多くの企業、特に大企業は、ＣＳＲ（企業の社会的責任）を果たすべく、コンプライアンス（法令順守）を徹底し、コーポレート・ガバナンス（企業統治）を強化し、ハラスメント（嫌がらせ）を防ぐためのルールづくりに余念がない。

企業は、ルールによって、他者にマイナスの価値を与えない「善い（良い）人」をつくろうとしているというわけだ。

しかし、企業がつくるべき人は、他者にマイナスの価値を与えないだけの「善い人」ではない。同時に、顧客という他者に商品価値というプラスの価値を与える「善い人」である。

また、「善い人」には、内発的な「善い人」と、外発的な「善い人」がいる。

他者にマイナスの価値を与えない「善い人」も、顧客という他者に商品価値というプラスの価値を与える「善い人」も、外発的な「善い人」ではなく、内発的な「善い人」であることが圧倒的に望ましい。

他の条件が同じなら、外発的な「善い人」よりも、内発的な「善い人」のほうが、圧倒的に他者にマイナスの価値を与えず、顧客という他者に商品価値というプラスの価値を与えるからである。

そして、ルールによってつくれるのは、外発的な「善い人」だけだ。ルールで内発的な「善い人」をつくることはできない。

対して、教育によって、外発的な「善い人」はもちろん、内発的な「善い人」もつくることができる。

だから、企業は、ルールによって、他者にマイナスの価値を与えないだけの外発的な「善い人」をつくってばかりいてはダメなのだ。

企業は、教育によって、他者にマイナスの価値を与えず、顧客という他者に商品価値というプラスの価値を与える、内発的な「善い人」をつくらなければならない。従業員に「善人教育」をするべきなのだ。

そうすることで、他者にマイナスの価値を与えないためのルールという、実は商品価値を生まないムダなルールを減らせるようにもなる。

日本に長寿企業が多いワケ

日本には、長く続く企業が多いようだ。少し古いが、2008年の韓国銀行発表によると、世界にある創業200年以上の企業5586社中、半分以上の3146社が日本企業である。2位のドイツ837社を大きく引き離しての1位であり、その殆どは中小企業である。

日本の中小企業へのコンサル経験も多い私が見る限り、その要因は、中小企業の経営者には「善い人」が多いことにある。それが従業員への「善人教育」となっている。

最近は怪しくなってきたが、世界が認めるように、日本人には、「善い人」が多い。そのことを日本人は、もっともっと、もっと誇るべきである。

ルール無用③

ルールが生む「無思考」

どんなルールであれ、ルールは、少ないほうがいい。

しばしば、ルールは「内輪の論理」を生むからだが、それだけではない。ルールは「無思考」を生むからでもある。

人には、ルールに従うことが増えると「無思考」になるという傾向がある。「無思考」とは「物事について根本的に考えないこと（状態）」だ。従うルールが多ければ、その傾向は強くなる。

これは、世の中も指摘していることであり、その指摘は正しい。


しかし、世の中は、本質が何かが分かっておらず、そのことにも気づいていない。

そうである以上、世の中が言う「物事について根本的に考えないこと（状態）」の「根本」は、「本質」ではなく、せいぜい重要な「偶有性」でしかない。

ゆえに、ルールが生む「無思考」は、世の中が考えるよりも、はるかに深刻である。世の中には「無思考」に見えないことも、本質的には「無思考」であることが多い。

仕組み依存は「無思考」

例えば、今の世の中、ルールが生む「無思考」が指摘されている一方で、制度という「仕組み」があらゆる問題の根本的な解決策と考えられている。偶有的に、仕組みで解決できる問題もあるからなのだろう。

しかし、仕組みをあらゆる問題の根本的な解決策と考えるのは「無思考」に他ならない。そもそも、本質的に、仕組みとは「ルールの体系」、すなわちルールの固まりである。「無思考」になるから、それに従ってばかりいてはいけないもののはずだ。

また、本質的に、ルールとは、人が従うべきとされる認識である。つまり、制度という「仕組み」は、人の頭の中にある。

だから、制度という仕組みに従うかどうかは、完全に人次第なのだ。仕組みは、人によっては、まったく機能しない。ルールは、自然の事物が普遍的に従う物理的な法則とは本質的に違う。

ガバナンスはバカザンス

一つ、例を引いておく。

近年、コーポレート・ガバナンスにおける経営監督機能の強化を狙って、社外取締役制度が強化されてきている。世界の英知を集めてつくった仕組みなのだろうが、これもルールが生む「無思考」の所産である。

本質的には、経営者が内発的な「善い人」であれば、誰かが経営者を監督する必要など、まったくない。

内発的であれ、外発的であれ、「悪い人」を経営者にしたままだから、誰かが監督する必要が出てきてしまう。その誰かもまた「悪い人」かもしれないから、きりがない。

見るところ、社外取締役制度は強化される一方である。つまり、結局、十分に機能していないのだ。そりゃそうだろう。「悪い人」は、制度に従わない。

社外取締役制度を強化して「悪い人」の監督を強化する暇があったら、「善い人」を経営者に据えることだ。

「有思考」な人は、そう考えるのである。

「ほうれんそう」をしない

日本のルール「ほうれんそう」

いつの頃からか、日本企業に「ほうれんそう」の徹底が企業を強くするとの考え方が浸透してきた。「ほうれんそう」とは、「上司への報告・連絡・相談」の略である。

これを批判的に見る者も少なくない。しかし、実態として、上司の多くは、部下に対して暗に「ほうれんそう」の徹底（以下、「ほうれんそう」と言う）を要求しているし、大半の部下もそれに応えている。

明文化されていないとしても、「ほうれんそう」は、日本企業に一般的な、順守率の高い暗黙のルールと化している。

組織をダメにする「ほうれんそう」

「ほうれんそう」は、やっかいなルールである。

「ほうれんそう」をすることは、部下にとって、上司に対する報告義務に従うことになる。上司がその上司に「ほうれんそう」をする場合も同様だ。

また、「ほうれんそう」をさせることは、上司にとって、部下に対する管理義務に従うことになる。部下がその部下に「ほうれんそう」をさせる場合も同様だ。

一見、そこには何の問題もない。むしろ、「ほうれんそう」をしたりされたりすることは、上司と部下が健全なコミュニケーションをすることのようにも見える。

しかし、欧米企業によくある「定期報告」とは違って、「ほうれんそう」をしたりさせたりすることは、実質的に、階層の上下全員をあらゆる物事の決定に日常的に関与させることになる。ゆえに、「ほうれんそう」をしたりされたりすることは、責任の所在を曖昧にする。従業員の自律性を低下させる。階層の上下全員が絡むから、物事の決定を遅くもする。

つまり、「ほうれんそう」は、組織を不健全、非効率にするルールなのだ。

もちろん、「ほうれんそう」は、組織内での情報共有のルールとしての側面を持つ。だから、商品価値を生むことに繋がることもあるだろう。

しかし、そのことを勘案してもなお、健全で効率的な組織を維持するため、「ほうれんそう」は、なくさなければならないルールなのだ。

そのことを直感的に察するからなのだろう、世界第3位の経済大国である日本に浸透したルールなのに、「ほうれんそう」に関心を示す欧米企業は、まったくと言っていいほど見当たらない。

「出る杭」は「ほうれんそう」をしない

「ほうれんそう」は、「赤信号、みんなで渡れば怖くない」という気質を持つ日本人に好まれる。だからこそ浸透してきたし、なくすのは簡単ではない。

しかし、その中でも、「出る杭」は「ほうれんそう」をしないし、させない。「ほうれんそう」が組織を不健全、非効率にすることを明確に分かっているからだ。

だから、「出る杭」を増やせば、「ほうれんそう」をなくすことができる。

一説によれば、日本で「ほうれんそう」が広まり始めたのは、1982年のことらしいが、同年にソニーに入社した私は、13年以上の在職期間中、「ほうれんそう」という言葉を聞いたことすらない。

事実、「出る杭」企業に「ほうれんそう」は根付かないのである。

神を細部に宿らせない①

概念化とは何か

事物の本質を求めるということは、事物の概念化に等しい。

辞書によれば、概念とは「個々の事物から共通な性質を取り出してつくられた表象。内包（意味内容）と外延（適用範囲）とからなり、名辞と呼ばれる言語によって表わされる」（精選版 日本国語大辞典）である。

難解な感じだが、本質とは何かを分かっている本書の読者には、そうでもないはずだ。

「個々の事物から取り出した共通な性質」は本質に当たり、「表象」は認識に当たる。よって、「個々の事物から共通な性質を取り出してつくられた表象」は「本質が規定する認識」であることになる。

また、「内包」も本質に当たり、「外延」は、本質を持つ事物すべてを意味する。「名辞」は、「固有名詞」の対義語「普通名詞」であり、要は「名前」と考えていい。

つまり、概念とは、本質が規定する「ある事物すべてを表す認識（名前）」であり、「ある事物すべてを表す認識」とは「ある事物が何か」に他ならない。

だから、事物の概念化、すなわち「ある事物すべてを表す認識」をつくることは、ある事物の本質を求め、本質によって「ある事物が何か」を規定することである。

平たく言えば、概念化とは「本質を突いたネーミング」とでもいったところだろう。

概念化は抽象化・普遍化である

ある事物の本質を求めることは、ある事物のすべての偶有性を捨てることでもある。

よって、概念化は、事物の偶有性をすべて捨てることでもある。

そして、事物の偶有性を捨てることは、事物を抽象化することであり、逆に、事物に偶有性を付加することは、事物を具象化（具体化）することである。

また、事物の偶有性を捨てることは、事物を普遍化することであり、逆に、事物に偶有性を付加することは、事物を個別化することである。

だから、概念化とは、抽象化であり、普遍化である。

対して、概念の対義語に定説はないようだが、仮にそれが「実体」だとすれば、概念化の対義語は「実体化」となる。実体化とは、具象化（具体化）であり、個別化である。

概念化が得意な米国人、不得意な日本人

悔しいが、日本人は、概念化、すなわち抽象化・普遍化があまり得意ではないようだ。

近現代の世界において新たにつくられた概念の大半は欧米発であり、日本発のものは殆どない。

グローバル言語である英語になっている日本語もあるにはあるが、例えば「ＳＵＳＨＩ（寿司）」「ＭＡＮＧＡ（漫画）」「ＢＯＮＳＡＩ（盆栽）」のように、もともと日本にしかなかった事物の名前が大勢を占める。

これらは、もともと世界中にあった事物に対して「本質を突いたネーミング」をしたものではない。

そして、ビジネスの領域における新概念では、圧倒的に米国発のものが多い。それらは「本質を突いたネーミング」をしたものであり、ゆえに世界に広がっている。日本では、英語の名前や略称をそのまま使うか、カタカナにして使うことが、今や一般的である。

本書にもたくさんの米国発の概念が登場する。「ビジネスモデル」「プラットフォーム」「シェアリングエコノミー」「カスタマイズ」「ブランド」「マーケティング」「バリューチェーン」「ＢｔｏＢ」「Ｍａａｓ」などなどだ。

欧米人、特に米国人は、概念化が得意なようである。

神を細部に宿らせない②

グランドデザインが得意な米国人、不得意な日本人

本質とは、いわば事物の核心部であり、偶有性とは、事物の細部である。細部を捨てて核心部に迫ることが、日本人は不得意で、米国人は得意なのだ。

それは、「ビジネスモデル」という概念のように「ビジネスモデル」すべてを表す普遍的なものだけではなく、特定の「ビジネスモデル」のように個別的なものの場合でも、同様だ。例えば、よく指摘されるように、米国人は、これも英語なのだが「グランドデザイン（全体構想）」が得意であり、日本人は不得意である。

ビジネスの現場でそれを痛感するのが、これまた英語なのだが、「ＢＰＲ（Business Process Re-engineering）」、すなわち業務の抜本的な見直しを行うときだ。

米国企業では、個別・具体的な業務を一旦捨てて、あるべき業務の核心部に迫った上で業務全体を構想するから、現状とは大きく異なる全体像を描くことができる。それに準じて個別・具体

的な業務の見直しを行うから、見直し効果が高くなる。

対して、日本企業では、個別・具体的な業務に引っ張られつつ、核心部に迫り切れずに業務全体を構想するから、現状とたいして変わらない全体像を描くことになる。それに準じて個別・具体的な業務の見直しを行うから、見直し効果が低くなる。

おまけに、全体像には無関心で「私の業務はどうなるのか？」ばかり心配する多くの実務担当者からの細かい話に振り回され続けて、プロジェクト期間が長くなる。

そこに神を宿らせるのか？

日本人は「神は細部に宿る」という言葉が好きだ。これも欧米から輸入された格言のようではあるが、今や「神は細部に宿る」の精神は、世界に誇るべき日本人の優れた特質だと思う。

しかし、「神は細部に宿る」のなら、なおさら核心部に迫れなければならない。核心部がよく分からないものの細部に神を宿らせてはならない。

日本人は、細部にこだわりながらも、核心部に迫れるようになるべきである。そうなれば、まさに「鬼に金棒」だ。

金棒を持つ鬼は、細部にも核心部にも神を宿らせるのだ。

なお、核心部とは、あくまでも全体の中に位置づけられる部分であるから、核心部に迫れることは、同時に、全体をよく把握できることでもある。

だからこそ、核心部に迫れることが、優れたグランドデザインに繋がるのだ。

本書の読者は米国人を上回れる

ただし、念を入れておくが、米国人は概念化、すなわち本質を求めることが得意であるとは言っても、まだまだ甘い。

そもそも人類は、本質が何かが分かっていない。その中で、無論、米国人も、本質が何かが分かっていない。

また、米国人は、価値の本質が分かっていない。ゆえに、ビジネスに関連するあらゆる事物の本質が分かっていない。本質に迫り切れていないのだ。

つまり、米国人は、本質そのものではなく、本質に近い偶有性を求めることが得意、というレベルでしかない。

本質に迫り切れる本書の読者なら、概念化でも、余裕で彼らを上回れるだろう。

人生を浪費しない

自分と顧客の人生を浪費しない

人は、楽しむために生きる。そうである以上、楽しめないことをするのは、人生の浪費である。

だから、顧客にとっても、ビジネスマンにとっても、楽しめないことをするのは、人生の浪費なのだ。

ならば、ビジネスマンは、顧客に商品価値を提供することによって、顧客を楽しませることを楽しめたら、顧客の人生も、自分の人生も浪費せずに済む。

ビジネスマンは、自分と顧客の人生を浪費しないことを心掛けるべきなのだ。

そうすれば、自分も会社も稼ぐことができる。顧客も、自分も、会社も、みんなが楽しめて、三方良しである。

かつてのソニーには、自分と顧客の人生を浪費しないことを心掛ける者が数多くいた。

ソニーは、消費者を楽しませることを楽しむ者で溢れていたと言っても過言ではない。経営者から末端従業員までそうだった。

ビジネスは善行だ

ビジネスとは、対価を伴う価値を生む活動である。また、価値とは「良さ」である。ゆえに、ビジネスとは、対価を伴う「良さ」を生む活動である。

対価を伴う「良さ」とは、顧客という他者にとっての「良さ」である。そして、他者にとっての「良さ」を生む活動は、対価を伴うものであってもなくても、善行だ。対価を伴うことは、善行の偶有性でしかない。

つまり、ビジネスとは、対価を伴う善行なのだ。

ビジネスにおける競争とは、対価を伴う善行の競争である。お金をいただき、より善い行いをする者が勝つ。

だから、お金をいただき、最も善い行いをすることが、競争に最も勝つことであり、顧客を楽しませることを楽しむビジネスマンにとっては、自分の人生を最も浪費しないことでもある。

このことに気づいた人にとって、ビジネスほど楽しいものも、そうはない。

仕事を楽しめ

楽しめなければ辞めろ

ソニーの創業者である盛田氏がまだ健在であった頃、入社式での彼のスピーチに吃驚仰天するところから、新卒の社会人としての人生は始まることになっていた。

「ソニーで働いても楽しめないと思ったら、すぐ辞めなさい」と、入社したその日に経営トップから言い渡されるのである。

無論、これは、新入社員だけに向けたスピーチではない。

すべての従業員に向けた「顧客を楽しませることを楽しめるようになれ。なれない者は要らない」というメッセージである。

また、世の中に向けた「ソニーには、顧客を楽しませることを楽しめる者しかいません。凄い会社でしょ?」というアピールでもある。

新卒の私は、そのスピーチの直後に会場を出て行って、人事の先輩社員たちに連れ戻されるという愚挙に出た。しかし、結局、ソニーにはついつい13年以上の長居をしてしまった。それほどソニーで働くのが楽しかったからだ。

仕事、楽しいですか?

そして、圧巻はこの人である。

ソニー英国への赴任を目前にしたある日、デスクの傍らに人影を感じた私が顔を上げてみると、目の前に、もう一人のソニー創業者である井深氏が立っておられた。

井深さんはよくお一人で社内をブラブラされるとは聞いてはいたが、まさか・・・

そして、掛けていただいた言葉が、これだ。

「仕事、楽しいですか?」

極度の緊張の中、なんとか「はい(直立不動)」と答え、ニコニコと柔らかく微笑みながら離れていく井深さんの背中を見送った。私の魂が震えた瞬間である。

そのときから30有余年。私から読者と世界に向かって、問いかけたい。

「仕事、楽しいですか?」

おわりに

実は、私自身も過去に大きなイノベーションを起こしている。

私が１９８０年代の後半にソニーで成功させた業務革新は、今のＳＣＭ（Supply Chain Management）革新の原型となるものだった。

詳細は省くが、この手の業務革新はソニーでも初めてのことであり、「ソニー初なら、ほぼ世界初」と言えた時代であったから、ほぼ世界初のことである。

どこで聞き付けたのか、ＩＢＭやＧＥといった米国企業から大勢の人が研究しに来ては帰っていった。当時としては、常識破りの出来事だったのだ。

そして、同様の業務革新が後年、米国発の新たな経営手法として世界的なブームとなり、無数の企業に拡大した。

私がソニーでＳＣＭ革新を起こす原動力となったのは、「本質思考」である。

本質的に、あらゆる企業は、消費者に商品価値を提供するための業務を行う。ならば、複数の企業が構成するサプライチェーン全体を消費者市場と同期させて回さなければならない。

そうした本質ベースの発想をして実現させたものがＳＣＭ革新なのだ。

実は、「本質思考」は、幼少期からの私の特質である。

小学校に入る頃、既に私は、本質とは何かを考えていた。まだ明確な答えが見つかっていたわけではないが、感覚的には掴んでいたから、大人の言うことがちっとも本質的でないことに気づいていた。なぜ大人は、こうも本質を外したことばかり言ったりやったりするのだろう。

幼さゆえに、その思いを学校の大人である教師に向かって不器用にぶつけることもあったおかげで、教師から知能レベルを疑われたこともある。

その特質を花開かせてくれたのが、ソニーであった。ソニーが本質に迫れる企業だったから、私は、自分の「本質思考」に自信が持てたし、イノベーションを起こすことができた。

そんな私が5年前に開発した研修に、通称「出る杭研修」で知られる「本質系イノベーション研修」というものがある。本質の徹底追及によって常識破りの発想力を養成するプログラムだ。

イノベーションを起こすべく長年頑張ってきたがうまく行っていない。そうした多くの企業が、「出る杭研修」の受講から活動を再スタートさせ、大きな成果を出し始めている。本書には、その「出る杭研修」の内容をふんだんに取り入れた。

しかし、「出る杭研修」は、企業にイノベーションを起こさせるためだけの教育ではない。「本質」という、正しい「現実の見え方」の根本をつくるための教育である。
本来、「出る杭研修」は、全人類が受けるべき、普遍的な教育なのだ。

だから、私は、「出る杭研修」を全人類に受けさせたい。
それを世界中の人々と一緒に実現していきたい。

もしも実現できたら、教育の巨大イノベーションとなる。
私の人生2度目のイノベーションだ。

世界よ、人類規模の壮大な教育イノベーションを、共に推進していこう！

２０１９年８月19日
経営コンサルタント・出る杭　横田宏信

イノベーター「出る杭」の本質思考

－ＧＡＦＡを超える発想法－

2019年10月1日　初版第1刷発行

著　者　横田宏信
発行人　横田宏信
発行所　出る杭の杜
〒182-0006　東京都調布市西つつじヶ丘2-4-1-6-105
Tel/Fax　03-6312-0582
email：inquiry@derukui-no-mori.com
発　売　サンクチュアリ出版
〒113-0023　東京都文京区向丘2-14-9
Tel 03-5834-2507　Fax 03-5834-2508
装　丁　田中深雪
印刷・製本　株式会社シナノ パブリッシング プレス

ISBN 978-4-8014-9451-0